小さな会社の

人と組織を育てる

業務マニュアルのつくり方

どんな業種にも対応の
テンプレートで完成!!

はじめに

マニュアルは、小さな会社の経営課題を解決する「仕組み」になる！

「いやぁ、いい人にやめられちゃって、ホント困っています。彼しか知らないことが多くて、引き継ぎが大変ですよー」

どんな規模の会社でも退職者が出ると、引き継ぎに時間がかかり、時としてその対応に振り回されることになります。大きな会社ならまだしも、人数が少ない会社ではなおさらです。一人の人間が関わっている仕事の量や種類は驚くほど多岐にわたっており、また仕事の境界が判然としないことも多々あるからです。**「人」への依存度が桁違いに重い、これが小さな会社の現実**です。

この「引き継ぎ」に伴う問題。一見「経営」に関わることではないように思えますが、見方を変えれば、実は会社が現在抱えているさまざまな問題を象徴的に表しているとも言えるのです。

技術やノウハウの属人化は、経営の大問題

その人にしか分からない・できない技術やノウハウ。それが退職者と共に消失する。

これは「人」に頼って仕事を回している小さな会社にとって、非常に大きな経営上の問題です。その技術やノウハウを見える化し、共有化することができたら、どんなにか役立つことでしょう。

個人の持つノウハウの見える化・共有化は、単に「引き継ぎ」を効率化するだけでなく、会社全体に関わるもっと大きな問題なのです。

技術やノウハウの見える化・共有化は、最優先の取り組み課題。

この認識が非常に重要です。そして、

個人が持っている知恵や経験を、会社に蓄積する仕組みが、
今求められているのです。

小さな会社のもう１つの課題には、「人を育てる」ということがあります。

人の採用・育成・定着、そして、戦力化です。

ある小さな会社の社長が、こう言いました。

「我々のところには、偏差値が高くて優秀な人は来ない。その前提で、採用や教育を考えなければならない」

確かにその通りでしょう。ここで重要なのは、新しく採用するより現在いる人の育成・定着、そして、戦力化をどう考えていくかということです。

小さな会社は、「採用」より、まずは「育成」を重視すべき、です。

そして人を育てる制度や文化を築くことができれば、自ずと会社は良くなっていきます。

「人」への依存度が高いということは、その「人」が成長し戦力化すれば、会社も発展することになります。

では、どのように期待するレベルに「育成」していけば良いのでしょうか。

小さな会社の経営者からよく言われます。

「うちの社員の意識を変えたい。もっと積極的になってほしい」

「もっとよく考えて仕事ができる社員になってほしい」

経営者の気持ちはよく分かります。**考え方や意識を変えて**、より成長してほしい、成果を上げてほしいということでしょう。

つまり、経営者としては、

考え方（意識）が変わる ➡ 行動が変わる ➡ 成長する（成果が上がる）

と考えるのでしょうが、現実はそううまくは進みません。

人はさまざまな経験を通して、考え方や価値観、あるいは仕事のスタイルなどを身につけます。

これをおいそれと変えることは難しいと言わざるを得ません。

また、仮に「考え方（意識）」が変わっても、次の「行動」が変わらなければ、「成長（成果）」はできません。そうであれば、「考え方」を変えるより、まず「行動」を変えることを優先すべきです。

つまり、実際はこうです。

行動が変わる ➡ 考え方（意識）が変わる ➡ 成長する（成果が上がる）

これは小さな行動で良いのですが、行動が変わると、その変化はすぐに現れます。

たとえば、挨拶をしない人が、自ら挨拶をする。この変化はすぐに周囲に伝わります。

そうすると、

「明るくなったね」

「最近、元気だね」

といった評価が出始めます。「挨拶」という**小さな行動を徹底して実践する**ことで、まわりの見る目が変わってきます。

この周囲の評価の変化は、本人にもさまざまな影響を与えることになります。

ここで重要なことは、**始まりは「強制的」でも「やらされ感」を持っていたとしても良い**ということです。

しかし、こう反論する方もいるでしょう。
「いくらカタチができていても、心が伴っていなければ、ダメだ！」
確かに、そうですね。
昔からよく言われている言葉があります。**「仏つくって魂入れず」**と。
一番重要なことが欠けていては、仏像の役目は果たせないという意味ですが、私はこう言い返しています。
「仏という、カタチをまずつくらなければ、魂は入れられない！」
だから、**「カタチ＝行動」を優先させるべき**。つまり、**「はじめに行動ありき」**、なのです。
考え方（意識）を変えるのは大変ですが、行動を変えるのはそれほど難しいことではありません。それを徹底的に実践する中で、少しずつ変化が現れてくる。そして考え方（意識）にも影響を及ぼしていく。その結果として、考え方（意識）が変わる、ということにつながっています。
「人」の育成で重要なことは、まず「行動」を変えさせることなのです。

これまで述べてきた、小さな会社の２つの課題
① **技術やノウハウの見える化・共有化**
② **人材の育成（成果につながる「行動」づくり）**
これに対応できるのが、**マニュアル**なのです。

私はマニュアルに関わって40年近く、とくにこの十数年は「マニュアル屋」として、まさにマニュアルづくりを生業としてきました。

中小企業から名のある大企業まで、本当にさまざまな種類のマニュアルを作ってきました。そこで学んだことは、基本＝行動（カタチ）の重要性です。

「基本を制するものはすべてを制す」という言葉がありますが、マニュアルとは、まさにこの**「基本」**なのです。

このマニュアルを核にして

① **現場（個人）の知恵や経験を、会社に蓄積する仕組み**
② **業務改善を効率よく進める仕組み**
③ **人材を育成する仕組み**
④ **リーダーを育成する仕組み**

づくりを進めていくことができます。

本書は、小さな会社が抱える課題を、「マニュアル」を通して解決していこうとするものです。

- **マニュアルとは、できない人間をできる人にするもの**
- **マニュアルとは、人を縛るものではなく、人を活かすもの**
- **マニュアルとは、組織の秩序を作り、活性化させるもの**

人を育て、組織を活性化するためにも、マニュアルを作りなさい！

このことについて、これから本書の中で説明していきたいと思います。小さな会社の経営者、幹部の皆さんに少しでもお役に立つことを願っております。

小さな会社の〈人と組織を育てる〉
業務マニュアルのつくり方

もくじ

第2章

成果が上がるマニュアルの捉え方

第3章

成果が上がるマニュアルの作り方　ステップ1

第4章

成果が上がるマニュアルの作り方　ステップ2

第5章 マニュアルで人と組織を育てる

カバーデザイン／菊池祐（ライラック）
本文 DTP ／一企画

第1章

マニュアルで得られる5つの成果

マニュアルの成果 1

生産性が劇的に上がる

「仕事の基準」づくりが、生産性向上の第一歩

ケース1

「現状、うちは何とかできていますから」と言っていたＡ社長。
しかし、よくよく聞いてみると、

- 同じミスの繰り返し
- 人によってやり方がバラバラ
- 同じ仕事をしているのに、かかる時間がバラバラ
- 仕事の引き継ぎも口だけで心配・不安

といった、さまざまな問題を抱えていました。

このＡ社長が抱えている問題は、小さな会社に共通する極めて重要な問題です。

「何とかできている」からと、問題の解決に動かない。それ以上に優先する問題、売上づくりや顧客づくり、資金繰りだの、人の採用などといったことが目下の緊急課題。まずそれから……と思うのは、よく分かります。

しかし、その結果、同じことの繰り返し。事態は何ら変わらないことになります。このような状況を打開するには、

「良い仕事をするための決まりごと（ルール）」

が必要です。

この「良い仕事」には、次の３つの条件があります。

①　成果を上げる

② 効率を上げる

③ 満足度を高める

それぞれ説明していきます。

① 成果を上げる

どんな仕事でも、なんらかの「成果」を上げることに結びついていなければなりません。

逆の言い方をすれば、仕事は成果を明確にして、絶えずその成果を意識して行うものです。成果に結びつかない仕事というものは、自己満足でしかないともいえます。

② 効率を上げる

いくら丁寧な仕事でも、時間がかかりすぎたり、決められた時間や約束の時間に遅れては意味がありません。時間は、コストです。コストパフォーマンスを考えて仕事をするというのは、非常に大切なことです。

素早くムダなく仕事を進める、つまり、効率的に仕事をすることが求められています。

③ 満足度を高める

いわゆるお客様はもちろんのこと、仕事の次工程や他部門、取引先なども「お客様」として捉え、その満足度を高めることを意識して仕事をすることが大切です。

常に相手のことを考えて仕事をする。その結果、相手に喜ばれると、その結果、成果も上がることにつながります。

この3つの「良い仕事」の条件を実践している人が、「仕事ができる人」です。だからこそ、誰もが「仕事ができる人」になるための「仕事の基準」が大切です。

では、この「仕事の基準」がない、つまり、皆が勝手に仕事をしている、バラバラなやり方で仕事をしていることを放置していると、どんな問題が起こるのでしょうか。

《バラバラなやり方がもたらす弊害》

- ▶ 生産性が向上しない
- ▶ 仕事のムダ・ムラ・ムリが増大する（コストがアップする）
- ▶ ミスやクレームなどが増加する
- ▶ 会社としてのノウハウの蓄積ができない
- ▶ 自己流・我流がはびこる
- ▶ 業務の効率化や改善が進まない
- ▶ 人材育成が停滞する
- ▶ 引き継ぎが確実にできない
- ▶ 品質やサービスが低下する
- ▶ お客様の不信感が増加する

「人によってやり方が違う」ということは、その仕事を新たに学ぶ人にとっては「何が良いやり方なのか分からない」ということを意味します。この「やり方」、バラバラなノウハウを一本化し、「仕事の基準」として統一しなければ、上記のようなさまざまな問題を引き起こすことになります。

つまり、**「仕事の基準」を整備していない会社は、非常に危険な状況を放置し続けていることになります。**

逆に、「仕事の基準」を整備するとどうなるのでしょうか。

言うまでもなく、「バラバラなやり方（ノウハウ）がもたらす弊害」の逆の成果がもたらされます。

私がお手伝いをした会社の成果を幾つかご紹介しましょう。

成果報告

- 同じ仕事の作業時間が短縮できた（サービス業　総務事務）
- 技術の習得が速くなった（製造業　生産現場）
- 同じミスを繰り返さなくなった（飲食業　接客業務）
- 正確で良いやり方が身についた（サービス業　フロント業務）
- 仕事の改善が進んだ（製造・販売業　品質管理業務）
- 引き継ぎの時間が短縮し、確実に引き継げた（飲食業　フロント業務）

以上のようにさまざまな成果、特に、コストダウンや生産性が劇的に上がっています。

また、自己流・我流のやり方が矯正されることにもなります。

良い仕事のノウハウ（やり方）をもとに、「仕事の基準」を明確にし、それを会社の仕事のルール（決まりごと）として統一し、一本化する。これによって、小さな会社が抱えるさまざまな問題が解決できるのです。

仕事の基準　＝　最も良い（効率的で、仕事の成果が上がる）仕事のやり方

この「最も良い仕事のやり方」をまとめ、会社の基準にすることを、**「標準化」**と言います。そして、これが「**マニュアル**」なのです。

図1　マニュアルの捉え方

この仕事のやり方の統一・一本化は、教える側にとっても学ぶ側にとっても、大きな効率化につながります。

- 教える側………教えやすい
- 学ぶ側…………学びやすい
- 会社にとって…引き継ぎや担当者不在にも対応できる

全員に共有することによって、**仕事の効率が大幅に改善**されます。

図2　マニュアルで生産性がアップする

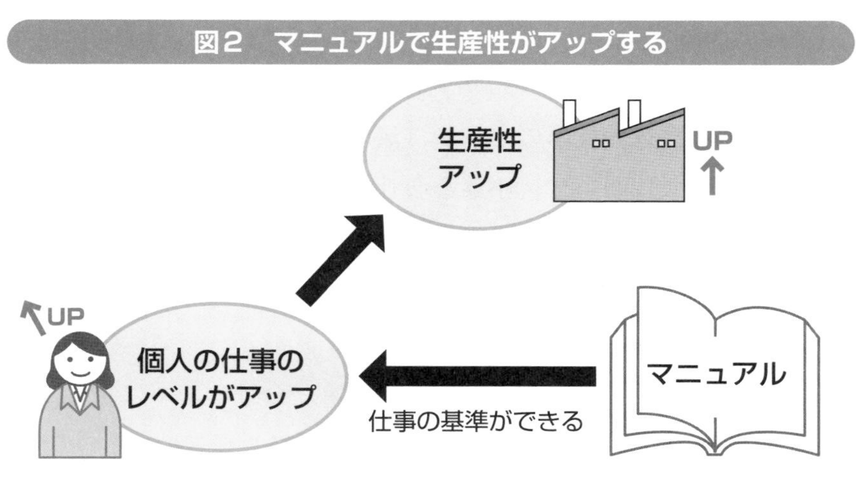

これまで見てきたように、「マニュアル」で得られる成果の１つは、

生産性が劇的に上がる ――「仕事の基準」づくりが、生産性向上の第一歩

になるということです。

目の前の緊急に解決しなければならない諸々の問題はあると思いますが、**将来を見据えた優先的な取り組みの１つとして、この「マニュアル化」は非常に重要な経営上の施策です。**

マニュアルの成果
2

優秀な人材の流出が防げる

定着率のアップ、採用コストの大幅ダウン

ケース2

ある社長曰く、
「いやぁ、最近の若いもんは、こらえ性がなくて、長続きがしない。怒ればすぐ辞めるし、困ったものです」と嘆き節。
そこで退職したA君に話を聞いてみると
「そのうち慣れるから、と言って何も教えてくれない。人によって言うことが違うし、何が良いやり方なのか分からない。結局、人を育てるという意識がないんじゃないですか」
と手厳しいご意見。両者の隔たりは、かなりのものです。

「何も教えてくれない」という不満からくるストレスは、相当なものです。「そのうち慣れるから」では時間がかかりますし、「慣れる」前に辞めてしまいかねません。

教えてくれない　＝　育てる気がない

と受け止められ、退職へと進む。優秀な人材ほど、そんな状況を憂慮して辞めていくといいます。

自分は教えてもらわなかった　➡　新人にも教えない　➡　自分で覚えろ

という悪循環が起きていると言えます。

つまり、優秀な人材の定着には、「採用」以前の問題として、会

社としての「人材を育てる」ための取り組み、環境などが整備されているのかが重要になります。こうした受け皿がしっかりできていなければ、新人採用どころか、元々いる社員にも退職されてしまいます。

社員の育成を再優先　➡　定着率をアップさせる

自分も育てられた　➡　新人も育てる

という善循環を回すことが求められているのです。

社員と新人の定着率は、基本的には比例します。

社員の定着率がアップ　＝　新人の定着率もアップ

社員を育てることが、まず優先的に取り組むべきことなのです。

また、社員の定着率が高いところには、新人も集まりやすくなります。

「あの会社は、人を育てる風土があるので、安心して入社できそう」

「みんな楽しそうに仕事をしている」

といった評判が広がれば、最高です。さらに、先輩社員が、

「うちの会社は、いい会社だよ」

「いろんなことを教えてくれるし、いつも勉強になっている」

などと新人に話をしてくれたら、定着率は確実にアップします。

そのためには、繰り返しになりますが、「育てる」環境、教育ツールなどの整備、仕組みが必要になります。

その**最高の教育ツールが、マニュアル**です。

マニュアルは、会社にとって最も良い仕事のやり方がまとめられたものです。その仕事に必要な項目と内容が網羅されています。ですから、それを学ぶことが仕事を覚える一番の近道になります。

昨今の若者は、居酒屋やコンビニなどでのアルバイトの経験が豊

富です。そこでは、仕事はまずマニュアルで覚えます。

仕事を覚える　＝　マニュアルで覚える

これが当たり前の図式なのです。

数年前、ある新聞の調査で、**「社会人になって、一番驚いたことは何か」という質問に対する回答のベスト３に、「マニュアルがないこと」が入っていました。**

今の若い人たちにとって、それほどマニュアルは身近な存在なのです。それなのに、**「マニュアルもなく、教えてもくれない」**という状況は、若い人にはまさに「信じられない」の一言でしょう。「育てる気があるのか」と疑われてもしょうがありません。

また、マニュアルがないと、たまたま教えてくれた先輩のやり方を真似することになります。その先輩が「良い仕事のやり方」をしていればよいのですが……。

採用　――　育成　――　定着　――　戦力化

人材を採用したならば、育成、つまり、教育しなければなりません。これをしっかりやることによって、次の「定着」のステップに進みます。**採用＝定着ではない**のです。ここを勘違いしている経営者が多いことに驚かされます。

「育成（教育）」をしっかりすることによって、定着率はアップします。

これは会社の規模を問わずに言えることです。ですから、

採用投資より教育投資にお金をかける

ことが大切なのです。

また、**育成（教育）をしっかりすれば、定着率は必ずアップ**しま

す。そして、

定着率がアップするということは、採用コストが大幅にダウンする

ということです。

マニュアルを核にした教育の仕組みができると、自分の成長、将来像が描きやすくなります。

つまり、自分のキャリアがデザインしやすくなるということです。これは、定着を促します。

若い人材が定着し始めると、面白いことに先輩たちの定着もさらに高まります。新しい仲間が増えることでの良い刺激があるからでしょう。逆の言い方をすれば、先輩たちが定着している会社は若い人材も定着しやすいということが言えます。これは、会社として「人を育てる文化・風土」が根づいているかどうかにかかっています。つまり、

「人を育てる文化・風土」を作ることによって、採用もしやすくなる

＝好循環が生まれるということです。

これは、パートやアルバイトを多く雇用している会社でも、同じことが言えます。

私がお手伝いをした会社からも次のような声が届いています。

成果報告

- ３人採用したけど、誰も辞めていない（サービス業　フロント業務）
- 採用コストが、３割ダウンした（飲食業　人事・採用担当）
- 先輩たちが積極的に教えてくれるようになった（接客販売　フロント業務）
- 新人の早期受注につながった（住宅販売　営業）
- 一番良いやり方が身についた（サービス業　接客係）

マニュアルで得られる成果の２つ目は、

優秀な人材の流出が防げる——定着率のアップ、採用コストの大幅ダウン

です。

人材の受け皿としての**会社の基盤づくり・土台づくり**に威力を発揮します。

働く人の意識が多様化しているからこそ、「誰が見ても分かる」ツールとしてのマニュアルの役割はますます拡がっていきます。

図3　マニュアルで人材の流出が防げる

既存の人材

マニュアルがあることでステップアップのイメージを描きやすく定着率が高まる

新しい人材

仕事の方法がマニュアル化されているので、「教えてもらえない」ストレスがなくなる

優秀な人材の流出を防ぎ定着率が高まる！

マニュアルの成果
3

リーダーがみるみる育つ

リーダーシップが発揮しやすくなる

ケース3

ある会社の先輩社員が言うには、
「うちの社長、新人を育てろ、きちんと教えろと言うけど、何を教えればいいんだ。自分だって教えられたことがないのに、教え方が分かんないよ。この間、新人に教えたら、Aさんと違うって言うんだ。この忙しいときに仕事も増えて、どうすりゃいいんだよ」

前述した、「仕事の基準」が明確になっていなければ、こうした問題が起こります。
「仕事の基準」が整備されていないことによる、指導する側の問題点をあげてみましょう。

《指導・評価する際の問題点》

- ▶何を基準にして教えていいか、分からない
- ▶教える人によって、教えることが違う
- ▶教えることに、ヌケ・モレ・ダブリが出る
- ▶教える準備に、手間と時間がかかる
- ▶仕事の指示や評価が、抽象的になる（具体性に欠ける）
- ▶仕事の評価が、主観的になる（好き嫌いで判断）

　また、教えられる側も、周囲の先輩たちのバラバラな仕事のやり方を見ていると、
「教えてもらった方法よりも、こっちのほうが簡単そうだ」
「結局、どの方法が最も良いやり方なのか分からない」
　と不安になってしまいます。**その結果、たまたま指導してくれた先輩のやり方を真似たり、見よう見まねでやっているうちに身についた、自己流のやり方で仕事をしてしまうようになります。**

　さらに問題なのは、「教えてくれない」という事実、「自分でなんとか覚えた」という自負が、先輩に対する敬意を損ねかねないことです。先輩から仕事の指示を受けても、何かの評価をされても、「自分には自分のやり方があるから」という理由で無視してしまう。平たく言えば、先輩を先輩として思わなくなる。
　この先輩が管理者だとしても、同じようなことが起こります。
　これでは、**組織の指示命令系統は機能しなくなって、組織力が低下してしまい**ます。

　それを防ぐには、どうすれば良いのでしょうか。
「教育担当者」「指導者」としての役割と責任を果たせるツールを与える
　これが１つの方法です。

「教育」を考えるうえで必要な項目とは、
①　**期待レベル（目標）**
②　**何を　　　　（教える項目）**
③　**いつまでに（教育期間）**

④　**どのように（教育・訓練方法）**

の４つです。この「何を」の役割を担うのが、マニュアルになります。

「ヒトを効果的・効率的に活用（育成）」するためには、「最も良いやり方」を教えることが、その近道になります。つまり、「マニュアル」は最適な人材育成のツールの１つになるということです。

マニュアル　＝　マネジメントツール

こういう捉え方が必要です。

これをもう少し詳しく説明すると、マニュアルによって

①　**最も良いやり方を、モレなく教えられる**

②　**最も良いやり方を、最も良い形で教えられる**

③　**最も良いやり方を、最も短時間で教えられる**

④　**最も良いやり方を、最も徹底して（繰り返して）教えられる**

ということです。

人材育成の成果を、最も効果的・効率的に上げられるわけです。

マニュアルを使って教育するということは、言うまでもなく、指導が具体的になる、論理的になる、さらに言えば、体系的に教えられるということを意味します。

また指導も評価も、マニュアルに基づいて実施するわけですから、何を求められているかや評価基準が明白なので、新人の納得度も高くなり、先輩や上司への信頼も高くなります。

私がお手伝いをした会社では、次のような成果が見られました。

成果報告

- トレーナーとしての自覚が出てきた（サービス業　営業主任）
- 指導が分かりやすくなった　（販売業　サービス係長）
- リーダーとしての自信が出てきた　（サービス業　主任）
- 仕事の指示や評価が具体的になった　（製造業　現場主任）
- 新人との信頼関係が深まった　（飲食業　チームリーダー）

マニュアルで得られる成果の３つ目は、

リーダーがみるみる育つ――リーダーシップが発揮しやすくなる

ということです。

マニュアルは、マネジメントツールとしてリーダーの育成に大きな威力を発揮します。

図4　リーダーがみるみる育つ

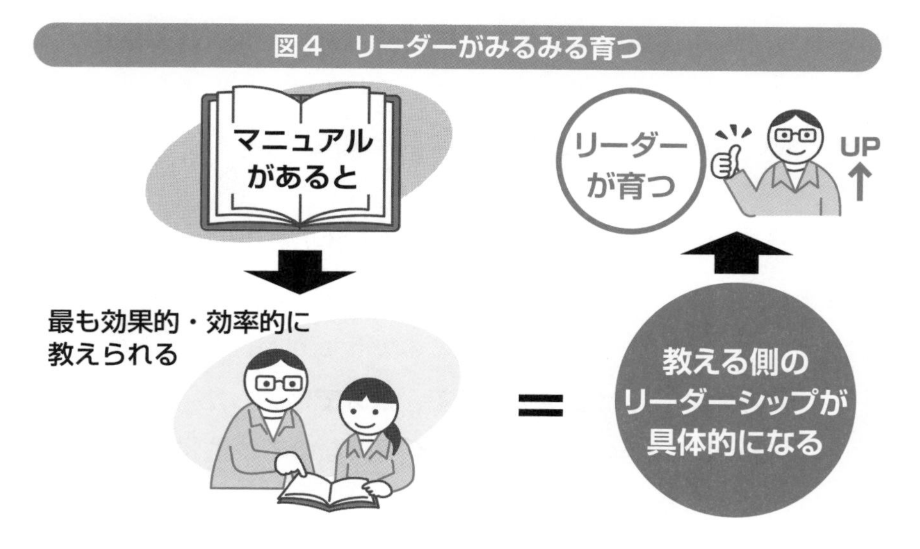

マニュアルの成果
4

ノウハウの共有化・蓄積ができる

属人化したノウハウは、会社の貴重な財産

ケース4

ある会社の社長が言うには、
「彼女はいつも遅くまで仕事をしてるんだけど、そんなに遅くまでかかる仕事なのか、よく分からないんです。彼女に聞かなければ分からないことも多くて、休まれるとホント困ってしまいます」
また、ある社長が言うには、
「いやぁー、まいりました。営業が辞めたら、顧客をごっそり持っていかれました。彼に任せて安心していたんですが、それが裏目に出ちゃって。大事なお客さんを盗られてしまいました」
さらに続けて、
「彼は非常に優秀なんです。そのやり方をみんなに真似させたいんですが、『あいつはホントすごい！』で終わってしまう。確かに、彼のやり方は独特だとは思うんだけど……」

「ノウハウが、人につく」。これはある意味で仕方がないことかもしれません。

ではなぜ、ノウハウは属人化するのでしょうか。

① 何も教えてくれなかったので、自分で勉強した
② 「仕事」の担当範囲・役割が不明確なので、依頼された仕事は何でもした

③　代わりがいなかったので、ずーっと同じ仕事を続けていた

つまり、**結果的に自分にしかできない・自分しか知らない仕事が増えていった。**だから、**「ノウハウが属人化」した**と考えるほうが自然でしょう。

ですから、彼らを一方的に非難することはできません。

しかし、**その「属人化したノウハウ」が、退職といっしょに消失したり、ほかの人には見えない状態になることは、会社にとって大きな損失です。小さな会社にとっては、それこそ経営を左右する大事件になったり、大打撃を会社に与えたりすることにもなります。**

また、**「属人化したノウハウ」が、ほかの人には“見えない”という**ことも大きな問題です。

「いつも遅くまで仕事をしているＢさんは、仕事熱心で頑張り屋さん」と思われていたとしても、何をどのようにしているのか、本当に必要な仕事なのか、誰もアドバイスも評価もできないからです。

この“見えない状態（ブラックボックス）”を放置していると、さまざまな問題が起こります。

《属人化したノウハウがもたらす問題》

- ▶ 仕事やノウハウを囲い込む…苦労して身につけたもの、他人には教えたくない
- ▶ その仕事やノウハウが会社に残らない…会社の“ノウハウ”にならない
- ▶ ノウハウの改良・改善は、その人頼み…誰もアドバイスできない、肩代わりできない

▶ 仕事の評価ができない…見えないから、その仕事を誰も検証できない
▶ 人事異動に障害が出る…別の人に引き継ぎができない

そして、このことは、当の本人にとっても、実はあまり得することはないのです。

「属人化したノウハウ」は、言い換えれば「自己流（我流）のやり方」ということになります。

つまり、**自己満足の域を出ない**といってもよいでしょう。

このノウハウをさらに磨くためには、本人の頑張りや努力が必要です。壁に突き当たっても一人で解決しなければなりません。乗り越えられればよいのですが、ともすれば壁を越える前に挫折してしまい、そこでノウハウの成長はストップしてしまいます。そうすると、誰もアドバイスなどはできないので、結局これまでのやり方を繰り返すということになってしまいます。

「属人化したノウハウ」の存在は、会社にとっても個人にとっても、不利益をもたらすことのほうが多いのです。

多くの会社が抱えるノウハウの消失とブラックボックス化という２つの問題を解決するには、

属人化したノウハウを「見える化」し、みんなができるように「共有化」することが必要です。

このための**最適なツールが、「マニュアル」**です。

マニュアルで「見える化」することによって、これが可能になるのです（「見える化」「マニュアル化」の方法については、第３章以降で詳しく説明します）。

「属人化したノウハウ」の最高峰と言えば、いわゆるハイパフォーマー（成績優秀者）のノウハウです。

このノウハウが、「最も良い仕事のやり方」だともいえます。

「あの人は本当にすごい！　あの人は別格！」
「あの人は、営業の達人だ！」
「どんなやり方をしているんだろう？」
「あのセンスは、真似できない」

やり方やスキルを学びたいけれども自分には無理だろう、というあきらめにも似た思いを持っている人も多いと思います。

「別格だ。ものが違う」と言ってしまえば、それで終わりです。

しかし、**このハイパフォーマーの成功の秘訣、成果を上げるコツなどを「見える化」して、会社全体で「共有化」できれば、会社のレベルが大幅にアップします。**

「なるほど、こんな方法があったのか」
「確かに、このやり方だとうまくいく」

こうした気づきや仕事の振り返りは、とても重要です。

また、仕事のやり方の「見える化」をマニュアルにまとめることによって、全員が共有化できるのはもちろん、

会社として「ノウハウの蓄積」につながる

のです。

こうすることで、仮に「仕事ができる人」が退職したとしても、誰もが同じ対応ができるので、少なくても「顧客をごっそり」と持っていかれることは防げます。また、仕事のムダ・ムラ・ムリの発

見・改善にも役立てることができ、「ノウハウの見える化・共有化」は、会社全体のレベルを押し上げることにもつながっています。

私がお手伝いをした会社では、

成果報告

- 困ったとき、とても役に立った　（販売業　営業担当）
- ３人でやっていた仕事が２人でできるようになった　（不動産業　総務）
- 良いお手本があるから、ありがたい　（飲食業　接客担当）
- めざす目標（レベル）がはっきりした（不動産業　営業担当）
- スキルのレベルが上がった　（サービス業　フロント）

などといった声が寄せられています。

マニュアルで得られる成果の４つ目は、

ノウハウの共有化・蓄積ができる――属人化したノウハウは、会社の貴重な財産になる

ということです。

小さな会社にとって、自社の「ノウハウ」をどのように見える化し共有していくか、どのように継承・発展させるかは、経営上の大きな課題だと言えます。

図5　マニュアルでノウハウが共有できる

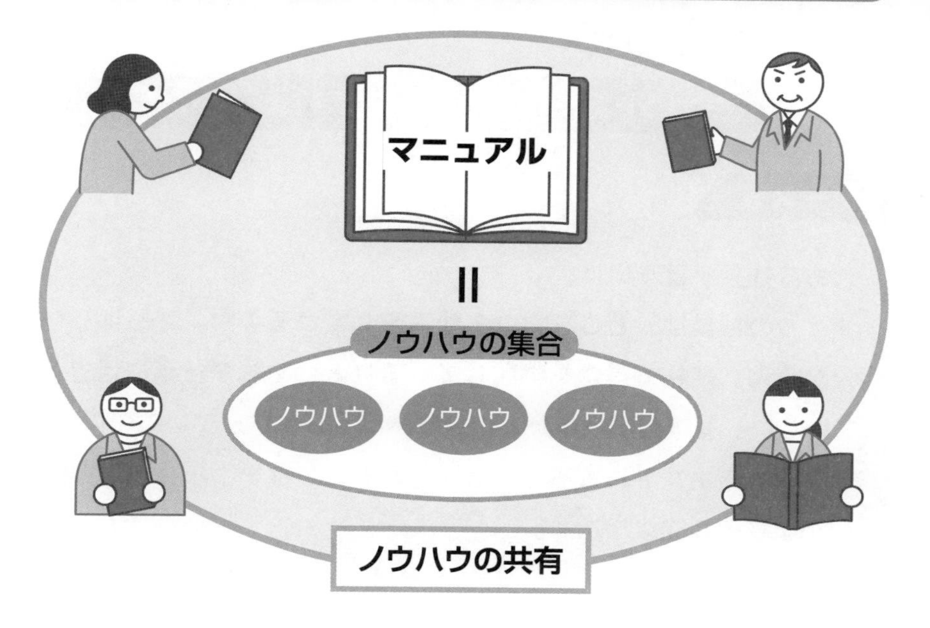

マニュアルの成果
5

全社員の理念・価値観・ベクトルがそろう

会社に一体感・統一感が生まれる

ケース5

ある社長が言うには、
「うちの社員は、どこを向いて仕事をしているのか、さっぱり分からん。朝礼で理念を唱和しているけど、それが仕事に活きていない。報連相が大事だと口を酸っぱくして言っているのに、できない。ホントに大事なことが分かっていない」
かなりのご立腹である。

どんな会社にも「理念」があります。理念には、会社のトップとしての熱い思いが込められています。そして、会社が大事にする考え方や行動の規範、さらに、会社が目指す方向性などがまとめられているものです。

本来、その会社の一員になった以上は必ず覚えておかなければならないこと、日常業務の中で遂行しなければならないことです。

それが、実践できない、勝手に、自分に都合よく解釈して仕事をしている、というのは、社長としては本当に困った問題です。

なぜ、このようなことが起きるのでしょうか。

それは、**理念と日常業務との間が乖離している。言い換えれば、理念がお題目になっている**ということです。

平たく言えば、社長は「富士山に登るぞー！」と言っているのに、社員は「私は南アルプスに登りたい」「いや、どこかの高原のほうがいいよ」「疲れるから、登山は勘弁して」などと勝手に叫んでいるようなものです。富士山とほかの山では、登るための装備も違いますし、心構えも違ってくるでしょう。

そもそも山に登りたくないなどというのは、スタートラインにさえ立っていないということになります。

こんなバラバラな意見が出るようでは、会社としての目標を達成することなど到底できるはずがありません。

こうした問題を放置していると、どんなことが起きるのでしょうか。

- 会社としての一体感・統一感が失われていく
- まとまりがなくなり、会社としての「力」が弱まる
- 考え方・行動・評価などの判断基準が、人によってバラバラになる
- 商品・製品などの開発方針に一貫性がなくなる
- 社員にとって、将来の不安が増す
- お客様の不信感が増大する

会社という組織は、一艘の船のようなものです。船長の下で船員はそれぞれの役割をしっかり果たさなければ、船は進むことはできません。大きな船ならまだしも、小さな船では、嵐にでもあえば、すぐに転覆してしまいます。

つまり、船長が示す目的地を全員が理解し、目的地にたどり着くために一致団結して各自の責任を果たすことが求められているのです。

ここで大事なことは、理念と日常業務を結びつける仕組みづくりです。人は頭では分かっていても、現実の仕事の中では、忘れがちになるものです。そうさせないために理念と日常業務を**つなぎ続ける仕組みが必要**になります。

この仕組みには、いろいろな方法があります。経営計画づくりや人事評価制度もその仕組みの１つでしょう。

そして、「マニュアル」があります。

会社のさまざまな活動は、本来「理念」の実現・達成のために行うものです。つまり、社員全員に一丸となって「理念」の実現・達成に向かってもらうためには、「理念」を具体的な行動に落としたものが必要になります。

マニュアルは、理念を出発点として、それを実現するための具体的な行動を明確にしたもの

だということができます（これについては、第２章でくわしく説明します）。

マニュアルが、理念を具体的な行動にしたものである以上、それを学び実践することは、社員としての義務であり責任です。果たさなければならない役割になります。

この点を経営者はまずしっかり押さえておくことが重要です。

そして先ほども書いたように、マニュアルには、最も良い仕事のやり方がまとめられています。

たとえば、「営業マニュアル」には、お客様とのやりとりが出てきます。そして、会社の姿勢・考え方を踏まえたセリフが用意されています。このセリフを覚えることで、**自然に会社の価値観が身に**

ついていくのです。行動の規範も同様です。

だから、**マニュアルには、全員が必ず習得しなければならないという「強制力」**が必要なのです。

マニュアル　＝　理念と日常業務を結びつける仕組み

マニュアルには仕事に必要なことがまとめられているので、否応なく使わざるを得ない。つまり、**仕組みとして、マニュアルは機能する**のです。

では、理念や価値観、ベクトルがそろうことで、どんなことが起きるのでしょうか。

前述した例とは、逆の結果が出てきます。

- 考え方・行動・判断のブレない軸ができる
- 一体感・統一感が生まれる
- まとまることで、組織力が高まる
- 商品・製品の開発に一貫性が出る
- 会社としてのブランドイメージが伝わりやすくなる
- 社員の仕事のキャリアビジョンが描きやすくなる
- 一人ひとりの力、現場力が鍛えられる

そして、最も重要なことは、**「会社のＤＮＡが継承される」**ということでしょう。

理念のもとにまとまることは、非常に重要で、小さな会社だからこそ、特に必要だともいえます。「まとまる」ことで、大きな力が発揮できるからです。逆の言い方をすれば、理念が不一致だと戦えないとも言えます。

私がお手伝いをした会社では、次のような声が寄せられました。

成果報告

- ▶ 多店舗化ができるようになった……（サービス業）
- ▶ ブランドイメージが明確になった…（飲食業）
- ▶ 商品開発がしやすくなった…………（製造・販売業）
- ▶ 外注化がしやすくなった……………（製造業）
- ▶ 現場力が強くなった…………………（サービス業）

マニュアルで得られる成果の５つ目は、

全社員の理念・価値観・ベクトルがそろう
——会社に一体感・統一感が生まれる

「マニュアル」という仕組みの効果で、社員の一体感を生み、業務を円滑に進めることが可能になるのです。

小さな会社にとって、まずは土台づくりともいうべきことになるのではないでしょうか。

図６　全社員の一体感が生まれる

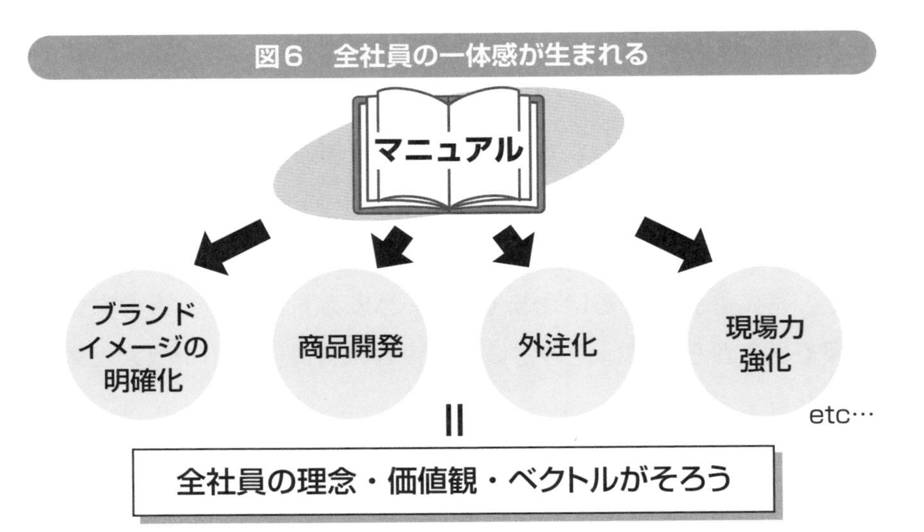

第１章のまとめ

①生産性が劇的に上がる	②優秀な人材の流出が防げる	③リーダーがみるみる育つ	④ノウハウの共有化・蓄積ができる	⑤全社員の理念・価値観・ベクトルがそろう

マニュアルは、小さな会社の経営課題を解決する「仕組み」になる！

コラム 小さな会社の事業承継 ――どう引き継ぐか――

小さな会社にとって、事業の承継は大きな問題です。代々受け継がれてきた会社でも一代で築き上げた会社でも、きちんと「相続する」ことは本当に難しいことです。

「相続」の心配事として一般的に言われることは、①相続税をどう支払うか　②資産をどう分けるか　③資産をどう有効に残すか、ということですが、会社経営においては、まさに「事業」の承継がもっとも重要で難しい問題です。

あるカリスマオーナーは、会社をまさに一代で優良企業に育てました。しかし、トップの高齢化は待ったなし。息子である後継者は、自分のようなカリスマ性や経営のセンスが乏しい。そこで彼が考えた方法は、「すべての業務のマニュアル化」でした。

これまで会社のさまざまなことは、すべてトップダウン。朝令暮改は、日常茶飯事。いつしか社員は、上だけを見て仕事をする、指示待ち型の人間ばかり。当然、教育制度や人事評価制度などもありません。

「人を育てる」「働きやすい環境を作る」といった発想は、正直皆無に近いので、言うまでもなく定着率は異常に低い。給料を高くすることで人をつなぎ留めておくという、まさに綱渡り的状態が続いていました。

もちろん、トップの人間的魅力、経営手腕は、ずば抜けていましたので、それに心酔する人たちが頑張って会社を支えていたということになります。

オーナー企業にはよくあることですが、ビジネス人生の終わりが見え

てきたとき、
「このままでいいのか」
「確かに、今は会社の業績は良い。しかし、自分が引退した後はどうなる……」
こうした不安が、一気に彼に押し寄せました。

ところが、ここからが凄い。
ヘッドハンティングしかり、さまざまな制度づくりしかり、そして、マニュアル化へと着手しました。
矢継ぎ早に、手を打ち始めたのです。
「自分がこれまでやってきたことを少しでもマニュアルにして、みんなに理解してもらおう」

この挑戦は現在も続いており、本当にさまざまな成果が出始めています。
小さな会社の事業承継は、どのようなカタチで引き継ぐのか、ということが大切です。
現状の仕事のやり方を、具体的な形にして引き継ぐ
という方法がその１つです。
ここに、マニュアルは大きな力を発揮します。これによって事業の、会社の基盤が整備されることになります。マニュアル化ができれば、それをタタキ台にして、さらに改善も進めることができます。
事業承継の第一歩は、業務のマニュアル化
一度ご検討してはいかがでしょうか。

UP

第2章

成果が上がるマニュアルの捉え方

1 マニュアルは、リターンの良い投資

1　マニュアルに対する先入観を払しょくする

この本を手にとった方なら、いわゆるネガティブな「マニュアルに対する先入観」をお持ちではないと思いますが、一応おさらいしておきましょう。

- **マニュアル人間（マニュアル依存症候群）**
- **画一的なサービスや対応（創意工夫がない）**

という言葉に代表される「マニュアル」についてのネガティブな捉え方。そして、そこから、

- **マニュアルは、考える力を奪う**
- **人間性をダメにする**

といった極論？　を展開する。「マニュアル」を生業にしている筆者にとっては、由々しきことです。
「ホントにそうなんですか？」と思わず問い詰めたくなります。

逆に、「マニュアル」がないことによる弊害を挙げてみますと、

- **「習うより、慣れよ！」では、育てる（学ぶ）のに時間がかかる**
- **勝手にやられては、問題が起こる**
- **間違ったやり方を身につけたら、あとで困る**

ことになってしまいます。

本来、社員全員には**「決められたことを決められた通りにできる」**ことが求められます。

仕事をするうえでの決まりごとや仕事のルールといったものを、はじめにしっかり把握してもらうことが大切になります。勝手に仕事を進められては、本当に困ります。この**「決められたこと」が、マニュアルです。**

ですから、**マニュアルは「知らないことを教える」「できない人をできるようにする」ための便利なツール、という認識をまず持つことが重要です。**

よくいわれる「創意工夫」や「もっと考えて仕事をしてほしい」といった期待や要求は、**基本的な仕事を覚えてからの話になります。最初から期待するのは、あまりにも高いハードル**です。

「ろくに教えてもくれないのに、要求だけは多い！」

などと言われないためにも、まずは基本的なことをしっかり身につけてもらわなければなりません。

その**「成長過程の第一歩」に、マニュアルは力を発揮**します。

2 「ない・ない現実」の見方を変える

「マニュアル」は良いものだ・必要だとは思っている……という方も抱きがちな、次のような「誤解」についても見ていきましょう。

- **お金がない**
- **作る人がいない**
- **作る時間がない**
- **作り方が分からない**

といったことが代表的な声として挙げられます。

４つ目の「作り方が分からない」については、これからこの本で学んでいただきたいと思いますが、残りの３つは小さな会社にとっては、本当に大きな問題です。
　しかし、「ない」は、ないなりにいろいろ工夫する手立てはあると思います。

　たとえば、「マニュアル」に関するセミナーは、いろいろなところで開催されています。
　また、マニュアルに関する書籍もたくさん出ています。
「時間がない、人がいない」と嘆く前に、やること・できることはたくさんあるのではないでしょうか。

　もう１つは、外部のマニュアル作成の専門会社を活用することです。「お金がかかるだろう」と言われそうですが、これも考え方次第です。
　外部のこうした会社を活用すると、数百万円の費用がかかります。もちろん、作成するマニュアルの種類・量によって費用は変わりますが、問題はこの金額をどう捉えるか、ということです。
　たとえば、年収300万円の社員を１年間雇用する、と考えてみる。一時的には費用が発生しますが、社会保険や福利厚生の心配はありません。また、さまざまな補助金を活用することもできます。
　それによって、第１章の「マニュアルで得られる５つの成果」が得られるなら、これは**非常にリターンの良い投資になります。**

**　目の前のさまざまな問題に翻弄されて対処療法を繰り返すのか。言葉を換えれば、モグラたたきを執拗に繰り返すのか、予防方法に切り替えるのか。ここは大きな分岐点になります。**

このように、「ない・ないという現実」を踏まえながらも、できることはあるはずです。

現に、毎月一回、１日２時間をマニュアルづくりに充てている会社もあります。

時間は確かにかかりますが、マニュアルづくりは「モノ」としてのマニュアル以外に、さまざまなメリットをもたらします。これについては、後述します。

要は、**トップが会社の現状と将来を考えて、どのような決断をするのかという問題**になります。

言うまでもなく「マニュアル」は万能ではありませんし、成果を上げるまでには多くの時間と徹底した取り組みが必要です。しかし、**会社の土台づくりにおいて、大きな力を発揮することは確実です。**

会社経営においては、さまざまな投資が必要です。機械設備に投資する、人に投資する。そして、設備と人を活かすためにマニュアルに投資する。投資先として、**マニュアルは非常にコストパフォーマンスが高い**といえます。「モグラたたき」状態に陥らないように、早めに手を打つことが必要です。

3　投資効果を高める——社員の抵抗感を減らす

「マニュアル」の導入（投資）を考えたとしても、現実にはすんなりとは進みません。

なぜなら、マニュアルの導入に抵抗感を持つ社員が少なからずいるからです。

- このくそ忙しいときに、仕事が増える
- 新しいことをさせられるのは、勘弁してほしい
- 今のままで別に困っていない
- とてもじゃないが、マニュアルを作る時間がない
- ただでさえ人がいなくて困っているのに、この上……

などなど、せっかくトップがマニュアルの導入を決断しても、社員の抵抗で頓挫することもしばしば。

実際、筆者のところにトップがマニュアル導入の相談に見えた会社の中でも、反発する社員の説得に失敗して断念するケースが目立ちます。

小さな会社では、社員の意見は大きな会社の何十倍もの力を持っています。いくら社長でも社員の声を無視することはできません。また、「マニュアル」に対するネガティブな考え方を持っている人も多くいるはずです。

さらに、マニュアル導入に理解を示しながらも、

「もう少し落ち着いてから……」

「人を採用してから……」

「業績が上がってから……」

といった、もっともらしい意見を述べる人がいますが、これは要注意です。逃げの口実であり、先延ばしの方便とでもいえるものです。これを採用していたら、いつになっても導入されることはないでしょう。

社員の説得は、導入を決断するのと同じように頭を悩ます大きな問題と言えます。

しかし、マニュアルの導入に反対する社員を説得しておかないと、作成はもちろん、その後の活用や改訂でも大きな影響が出てきます。

では、どうするか。これを機会に、現状の問題や将来の課題について率直に話し合うことが大切です。

- 人によって、仕事のやり方がバラバラだ
- 同じミスやクレームなどが繰り返されている
- もっと効率的なやり方があるのではないか
- 引き継ぎに時間がかかっている
- 会社としてのノウハウが蓄積できていない

つまり、**「このままで良いのか！」という危機感と問題意識を共有する**ことが大切です。

そして、第１章で得られる「マニュアルの成果」について、社員の視点で説明し、

「このままだと、何も変わらない。何かしなければ……」

「これまでの仕事を見直すことが必要だ」

「マニュアルによって、仕事が楽に効率的になるかもしれない」

「マニュアルがなければ、これまでの繰り返しになる」

と思ってもらうことが大事になります。

平たく言えば、「当事者意識を持ってもらう」ということですね。

こうした共通の認識のもとで取り組みが始まると、大きな成果が期待できます。

ただし、**説得に時間をかけすぎるのも問題です。**会社のことを一番真剣に考えているのは、言うまでもなくトップ自身ですので、ある程度話し合ったら、実施へと舵を切ることをお薦めします。

繰り返しますが、マニュアルはリターンの良い投資である――この認識が非常に重要です。

図7　マニュアルは、実は効率が良い

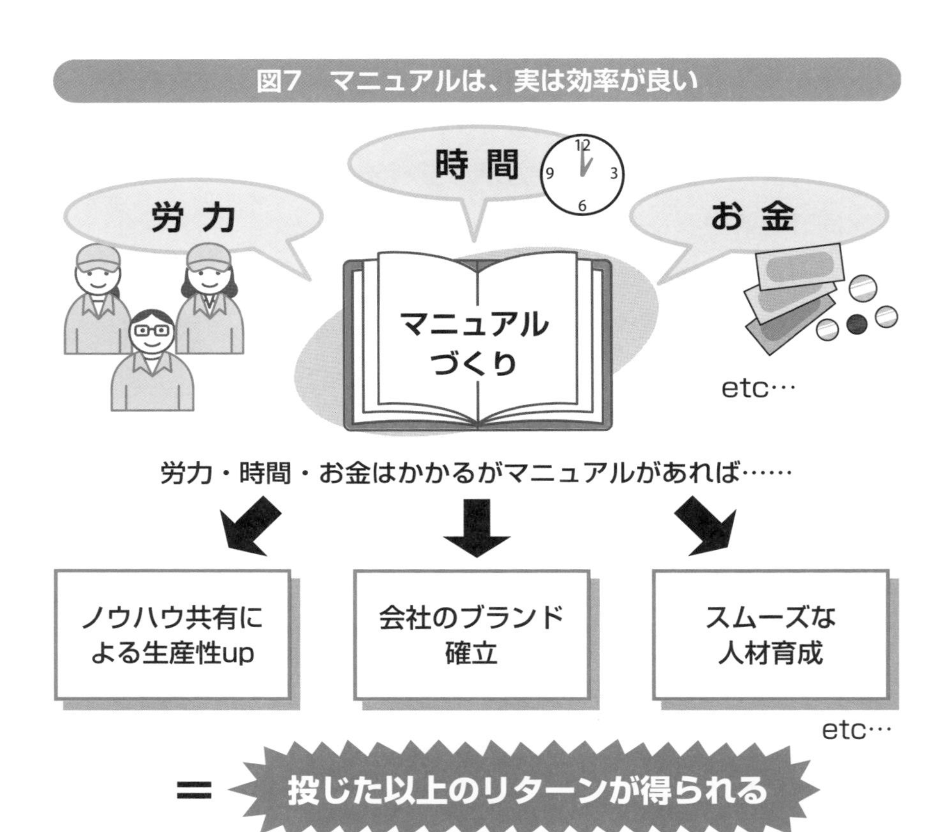

2 マニュアルは、現場の知恵を会社の財産にする

1　埋もれている会社の貴重なノウハウ

どんな会社にも、その会社にしかない「ノウハウ」があります。それは長年培ってきた本当に貴重なものです。言葉を換えれば、その**会社のＤＮＡ**とも言えるものです。

問題は、**それがどのように継承されているか、そして、共有化されているか**ということです。

“人から人へ”がよくある形としても、それをもっと効率的で効果的な方法でできないかと考えることは至極当然です。“人”に頼ることは、ある意味で非常にリスクが高くなるからです。

そのためにも、**会社には、貴重なノウハウが眠っている（埋もれている）という認識・自覚**が、まず必要です。

また、現場は日々さまざまな問題と真正面からぶつかっています。これを一人ひとりの工夫や知恵を発揮して、何とか乗り切っています。**現場は、問題解決の主戦場**です。この解決する力、これが**現場力**です。そして、**現場力が業績を左右する**ともいわれています。

ノウハウや知恵は、苦しいとき、必死になったときに生まれるものです。しかし、それはほとんどの場合、個人に蓄積されます。

「私はいっぱい知恵を出して、問題を解決しました」

などとＰＲする人はほとんどいないでしょう。

ですから、そうした**貴重なノウハウを吸い上げる“機会”や“仕組み”が非常に重要になります。**

現場では日々新しいノウハウや知恵がフツフツと生み出されています。

現場は、ノウハウの生産工場です。

現場における創意工夫は、新商品の開発につながるものから、トイレの清掃方法の改良といった日常雑多なものまで、多岐にわたっています。それはどれをとっても貴重なものであり、確実に何かを良くするものです。

- **一人ひとりの知恵を、現場の知恵にする。**
- **現場の知恵を、会社の知恵（財産）にする**

この“仕組み”が、「マニュアルづくり」です。

会社がこれまでに蓄積したノウハウ、これから作り出していくノウハウを、もっと有効に活かしていかなければ、宝の持ち腐れ、非常にもったいないということになります。

逆に、何も手を打たなければ、安きに流れるではありませんが、旧態依然の方法を漫然と繰り返すだけです。

誰しも、新しいやり方を苦労して学ぶよりも、これまでのやり方をそのままていたほうが楽です。かくして、愚痴や不満だけは増大し蓄積されるという“不の循環”が続いていくということになります。

日々刻々と変化する現場、生み出される貴重な知恵の数々。それをすくい上げ、会社の施策に反映する。**仕組みが整備されているか**

どうかで、会社の成否を左右します。

マニュアルは、現場の知恵を誰でもできるカタチに標準化して、会社の財産にしていく、最強のツールといえるでしょう。

2　仕事の基準が、ムダ・ムラ・ムリをなくす（成果を上げる）

日常的に進めている仕事の中で「決められたこと」、つまり、会社（職場）で統一した「仕事の基準」が明確になっている仕事はどれくらいあるでしょうか。

第1章で説明した、会社（職場）が抱える課題の解決策は、

- **バラバラなノウハウを一本化する**
- **属人化したノウハウを見える化する**

ということです。

この取り組みを通して、「最も良い仕事のやり方」を見極め、そのやり方を「仕事の基準」として統一する。前述したように、**最も良い仕事のやり方に統一することを、「標準化」と言います。**

これによって、その仕事のレベルを「最も良いレベル」に設定することができます。

社員全員が最も良い仕事のやり方＝「仕事の基準」で仕事を覚え、身につけることで、より高いレベルの成果が会社（職場）全体として得られるようになります。また、ベテラン社員も自分の仕事の振り返りができます。

「なるほど、こんな方法があったのか」

「確かに、この方法だとうまくいく」

新人からベテランまで全員が習得する、つまり、**共有化すること**

で、仕事のムダ・ムラ・ムリが確実に減少します。

明確にするためには、現状の仕事のやり方をまず把握しなければなりません。

その手順を整理してみます。

① 現状の仕事のやり方を洗い出す（見える化）

「今、どんなやり方で仕事をしているのか」

「みんなのやり方が違うね」

「無駄なやり方も多いね」

② それぞれのやり方を検討する

「どのやり方が、一番効率的だろう」

「どのやり方が、一番成果につながるだろう」

「誰でもできるやり方はどれだろう」

③ 最も良いやり方に統一する（標準化）

「ＡさんとＢさんのやり方を統一しよう」

「誰でも同じようにできるか」

「これは効率的で成果が上がるやり方だ」

これを会社の仕事のルール（決まりごと）として統一するわけです。

このプロセスを通して、仕事のムダ・ムラ・ムリが洗い出され、検証されることになります。

たとえば、２つのやり方を１つにする、３つの工程を２つにする。１時間かけていた仕事を30分でできるようにする、などなど。言い換えれば、無駄なぜい肉を切り取ってスッキリさせるということでしょうか。

そして、ここで重要なことは、その最も良いやり方は

- **誰が見ても、分かる**
- **誰がやっても、同じようにできる**

ものでなければなりません。そうしなければ、会社の仕事のルール（決まりごと）にはならないからです。

そして、次にすることは、

④　そのやり方を会社全体に徹底する（共有化）

「全員がこのやり方を習得しよう」

「全員がこのやり方で仕事をしよう」

⑤　さらに改良・改善して、引き継いでいく（継承化）

「もっと良いやり方を見つけたよ」

「こっちのほうが、簡単にできるよ」

という、共有化と継承化です。

このステップを踏むことで、仕事のムダ・ムラ・ムリがなくなり、より成果が上がる仕事のやり方が会社全体に普及・徹底されていくことになります。

図8　取り組みのステップ

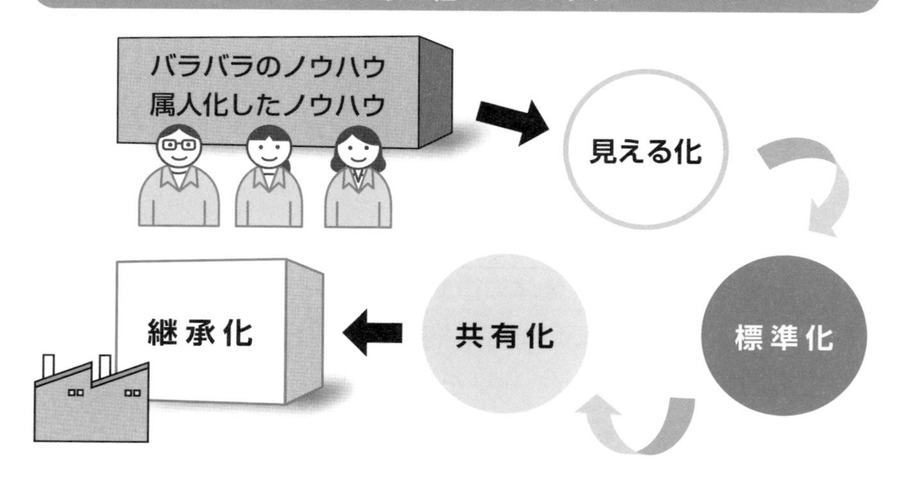

3　マニュアルと業務改善は、コインの裏表

「業務改善」は、多くの会社にとって重要な課題の1つです。これだけ環境や技術、お客様の変化が激しい現代において、その変化に対応できなければ生き残ることはできません。ですから、これは会社にとって、社員にとって、まさに、最優先で取り組むべきものです。

ところが、現実にはあまりうまく取り組まれておりません。

- 自分のこれまでのやり方を変えたくない
- ちょっと問題はあるけど、何とかこれまでやってきた
- ただでさえ忙しいのに、そんな活動に時間をとられたくない
- 私たちより、まずトップ（上司）が変わってくれたら、解決することばかり
- これ以上、コストダウンはできない（業務改善＝コストダウン？）

このように、あまり歓迎されることはないのが現実です。

業務改善（活動）＝成果を上げるために、最も良い（効率的・効果的）方法を作り出す（活動）こと

つまり、仕事の不便や不都合などを解決することが目的です。ですから、本来なら全員が積極的に取り組んで当然ともいえる活動なのに、現実にはそうなっていない。

ここではっきりさせておかなければならないことは、業務改善とは、通常業務にプラスαされた別物、余計なものではなく、**業務改善＝通常業務**　という捉え方をするということです。

業務改善で成果を上げるためには、次の４つを理解して取り組むことが、必要です。

① **目標・ゴールを明確にする**
何を・どこまでやるのか、ゴールや成果のイメージを共有する

② **アウトプットを明確にする**
改善の“形”を具体的に提示する

③ **現場の知恵を集める仕組みを作る**
より多くの現場の創意工夫を収集・反映させる

④ **改善を「継続する活動」として捉える**
一過性のものではなく、日常的な業務の一環として位置づける

業務改善は、現状の問題・課題を把握し、その解決のために業務の見直しをすることから始まります。

業務の見直しを効率的に進めるためには、**タタキ台**があれば便利

です。
「今、どんなやり方でやっているのか」
「なるほど、今はこんなやり方でやっているのか」
「時間を短縮するためには、どこをどのように変えたら良いだろう？」
「目に見える、手に取れる」形のタタキ台があれば、業務改善の検討時間は短時間で密度の濃いものになります。

そして、このタタキ台が、その時点での最も良い仕事のやり方に標準化したものであれば、なおさら良いでしょう。

この**業務改善に最適なツールが、マニュアル**なのです。

「業務改善」と「マニュアル」の共通点は、どちらも最も良い仕事のやり方を作り出し、そのやり方に統一することが目的という点、そしてどちらも現状把握「仕事の見える化」から始める点で共通しています。そして、どちらもアウトプット（成果）を求められます。

違いは、マニュアルという形（もの）になっているかいないかだけです。

つまり、**業務改善とマニュアルは、コインの裏表**のような関係であり、

マニュアルなくして、業務改善なし
業務改善なくして、マニュアルの進化なし
ということができます。

業務改善とマニュアルは、表裏一体
業務改善＝マニュアル

こうした捉え方が、**現場の知恵を会社の財産にする、最も効率的な取り組みにつながるのです。**

図9　マニュアルは、現場の知恵を会社の財産にする

3 マニュアルは、会社(経営)の武器になる

1 マニュアル化は、働き方改革のはじめの一歩

ここ数年、「働き方改革」が声高に叫ばれています。時差Biz（朝方勤務)、プレミアムフライデー、副業解禁などといった多様な働き方を可能にしようとする取り組みです。トヨタや花王等、大企業の取り組みが話題になっていますが、多くの中小企業ではどのように取り組んだらよいのか分からないのが現実ではないでしょうか。

「働き方改革」の３つの課題とは、
①長時間労働の改善（残業時間の上限規制）
②同一労働同一賃金（非正規・正社員の格差解消）
③高齢者の就労促進（労働力人口の不足）
が挙げられています。

これらに取り組むうえでも、小さな会社は、「業務の標準化・マニュアル化」から始めるべきです。**足元、土台をしっかり見直す、土台づくりこそが「働き方改革」のはじめの一歩**になります。

そうしなければ、たとえば、「長時間労働の改善」１つをとっても

- **夜８時になると、PCの電源を切られる**
- **残業はするな。早く帰れと上司に言われる（上司の責任になる）**
- **部下が早く帰る分、上司・管理職にしわ寄せがくる（ジタハラ――時短ハラスメント）**
- **「早く帰れ。でも仕事はしろ！」(会社近くのカフェや自宅で仕事)**

という状況になる。つまり、「早く帰れ、帰れ！」では、なんの

「改善」にもならないわけです。

「働き方改革」自体は、非常に重要なことです。ただ、この「働き方」を「仕事のやり方」を改革する、と捉えることが一番現実的な改善につながります。

では、どのようにしたら、「仕事のやり方改革」になるのでしょうか。

それはこれまで述べてきたように、

① これまでの仕事を見直し、仕事のムダ・ムラ・ムリがないかを検証する
② それを踏まえて、最も良いやり方に仕事を統一する（標準化）
③ それを会社の「仕事の基準」としてルール化する

という「マニュアル化」の取り組みが、大きな仕事の改革につながります。

仕事を洗い出し検討する中で、これまで二人でやっていた仕事が一人でできるようになる。最も効率的で成果が上がるやり方を身につけることができる。その結果、残業しなければできなかった仕事が定時に帰れるようになる。つまり、仕事のやり方が変わることで、「働き方」は大きく変わります。

- **仕事のやり方を変える　＝　働き方が変わる**
- **マニュアル化の取り組み　＝　働き方改革の取り組み**

このように捉えることが重要です。

小さな会社にとって、こうしたマニュアル化の取り組みこそが、「働き方改革」のはじめの一歩になるのです。

2　マニュアル化は、マルチジョブ（多能工化）を可能にする

「業務の標準化・マニュアル化」は、多能工化・兼任化の取り組みを進めるうえで有効な対策として認知されています。

従業員にさまざまな仕事をしてもらう、言い換えれば、新しい役割や担当を持ってもらうためには、それなりの学習環境の整備が必要です。

平たく言えば、スーパーなどで一人の従業員が肉の調理だけでなく、魚も野菜も調理できるようになれば、繁忙期などで人員の調整がつき、業務量の平準化や効率化につながります。一部の部署や特定の従業員に偏っていた業務をほかの従業員にも担当させることができます。

これによって、**人も組織も「総合力」を持つことになります。**「人手不足」で悩んでいる小さな会社にとって、現在の労働力を十二分に活用することができるようになります。

これを可能にするためには、学習環境の整備、つまり、業務のマニュアル化が必須となります。

従来の「見て覚えろ」式の育て方やいろんな仕事を経験させて……では時間がかかりすぎます。

効率的に新しい仕事を覚えてもらうためには、業務の棚卸しや各従業員が保有している能力の確認や今後習得させるべき能力を明確にすることも必要になります。

また、前述したように、社内のバラバラなノウハウの一本化や属人化したノウハウの見える化は、必須の取り組みになります。そし

て、必要なすべての業務の「仕事の基準」を、作らなければなりません。

その「基準」に沿って、新しい仕事を覚えていくのです。

業務マニュアルの作成・整備による従業員のマルチジョブ化は、

- **さまざまなノウハウを持った人材の育成**
- **効率的な人材育成の仕組みづくり**
- **効率的な配置転換・異動**
- **人件費のコストダウン**

など、経営にとっての人材戦略・活用の新しい選択肢を持つことになります。

何よりも、**「会社の総合力の向上」**に大きな貢献をもたらします。

これは非常に大きな力です。

そして、学習環境の整備、人材育成の環境づくりなどは、これも「働き方改革」のはじめの一歩につながるものです。

「これしかできない、では困る」
「うちの会社は、みんなが何でもできるように育てる」
「うちの全商品をみんなが説明できなければダメだ」

これらは、ある小さな会社の社長が語った言葉です。

これの意味するところは**スペシャリストからジェネラリストづくりへ**ということです。

マニュアルを整備することによって、**進化した組織づくりも可能になる**のです。

3　マニュアル化は、最大のイノベーション

小さな会社にとって、一冊の業務マニュアルを持つことは、その後のさまざまな展開を可能にします。

一冊のマニュアルが、仕事（やり方）を変え、職場（組織）を変え、会社を変える

大げさではなく、マニュアルはそうした“力”を持っています。

一例として、マニュアル導入の先進的な企業である良品計画は、**すべての業務をマニュアル化**しています。

赤字だった無印良品がＶ字回復できたのは、「マニュアル」を整備し、徹底的に見える化を図ったおかげであると述べています（『無印良品は、仕組みが９割』松井忠三著、角川書店）。

赤字の会社をＶ字回復させる、その原動力になった「マニュアル」。

では、マニュアルの「力」とはいったい何でしょうか。

- **最も良い仕事のやり方を、標準化できる（仕事のムダ・ムラ・ムリをなくす）**
- **最も良い仕事のやり方を、会社の仕事のルール（決まりごと）にできる**
- **現場の知恵や経験を、会社全体に反映・共有化できる**
- **作成・活用・改訂のサイクルを回すことで、常に最新のノウハウが徹底できる**
- **業務改善活動の仕組みができる**
- **問題意識・改善意識の醸成ができる（現場力を鍛える）**

つまり、マニュアルは、**「人と組織を鍛える」**ことができるのです。

さらに言えば、マニュアルによって理念・価値観・ベクトルを共有することは、**新しい「文化」を創る**ことにもつながります。

筆者は、**「マニュアルづくり」は「文化づくり」**だと、かねてより主張してきました。

また、先に述べた**良品計画や「働き方改革」、そして、中小企業白書も、最終的には新しい「文化」を作ることが必要**だと提案しています。

つまり、「文化」を作ることが、さまざまな問題の最終的な解決につながる、ということです。

この「文化を創る」方法の1つに、「マニュアルづくり」がある。
これは、とてつもなく大きな「マニュアルの力」です。

つまり、
マニュアル化は、会社にとって「最大のイノベーション」
にほかなりません。

この「マニュアルの力」を最大に発揮させるためには、標準化、共有化の各プロセス・ステップを徹底的に実行することが必要になります。中途半端な取り組みでは、疲労感だけが残ります。

マニュアル化　＝　「徹底力」が成果を左右する
のです。これが、まさに「会社を変革する」原動力になります。

先述した良品計画がそうであるように、マニュアルは会社（経営）の大きな武器になります。これは、小さな会社にとっても同じ、いやそれ以上の「力」を発揮することになります。

マニュアルは、会社（経営）の武器になる

という捉え方のもと、

マニュアルを、会社（経営）の大きな武器にする！

というトップの強い意志が何よりも重要です。

それこそが、イノベーションを最大に展開する秘訣ではないでしょうか。

図10 「マニュアルは、会社の武器になる」

4 マニュアルの捉え方で、成果が左右する

1 マニュアルを、積極的に定義する

「マニュアル」と聞けば、手順書・手引書・取扱説明書などを思い浮かべる人も多いことでしょう。

仮に、マニュアル＝手順書・手引書だとしたら、何らかの“方法”が書いてあるものは、百科事典のような厚さのモノからペラ１枚のモノまで、皆マニュアルになってしまいます。

このことが結果として、マニュアルに対するさまざまな解釈やイメージを一人歩きさせることになっているのでしょう。

そこで、**きちんとマニュアルを定義することが、マニュアルの役割や価値を明確にし、また、生み出される成果もそれによって大きく変わってくる**、と言えます。

これまで述べてきた、「仕事の基準」づくりのプロセスを踏まえて、マニュアルを積極的に定義すると、次のようになります。

マニュアルの定義

① 企業の理念（方針・姿勢）をもとに

② 目標・期待を明確にして

③ 考え方・判断・行動・評価の基準（根拠）となるもの

企業のさまざまな活動は、その企業が持つ「理念」の実現・達成のためにあります。そのために、所属している人たちへの目標や期

待を明確に記載することで、何のために・何を・どこまでやればよいのかを共有します。

また、企業が活動をする際に、どのように考え、判断し、行動すればよいのか。その行動をどう評価すればよいのか。その根拠を示すのが、マニュアルなのです。

企業における「マニュアル」とは、本来、経営者の熱い思いを出発点として、それを具現化したものです。変化し続ける社会の中で、経営が求める「ありたい（あるべき）姿」を実現するために、期待する行動を「マニュアル」によって現場で徹底的に実践する。「マニュアル」とその「行動」を通じて、経営者の熱い思いは組織の隅々まで行き渡り、経営と現場がひとつに結ばれ、一人ひとりの意識と行動が変わっていく。それは、**企業のＤＮＡとともに、新しい文化を継承していくことにほかなりません。**

「マニュアル」をこう捉えることが、**会社における「マニュアル」の位置づけ、果たすべき役割の重要性を明確にし、そして、さまざまな成果を上げる基になります。**

マニュアルは、単なる“形式知”ではなく、また、「便利な道具（ツール）」として片づけるには、あまりにも大きな役割・価値を持っているのです。

この役割・価値について、もう少し説明します。

マニュアルは、**最新・最高のノウハウを集大成したもの**であり、言葉を換えれば、その会社の知的財産になります。ですから、そういうマニュアルを作らなければなりません。

また、最も良い仕事のやり方が分かるマニュアルは、**目標・ゴールに到達する最も効率的・効果的な方法を具現化したもの**と言えます。

さらに、「企業の理念」を出発点にしていますので、**会社の全員が厳守すべき仕事の基準**として捉えることが重要です。

仕事の基準とは、品質の基準、サービスの基準、技術の基準などその会社のレベルを表す非常に重要なものです。そのため、本来マニュアルは、**社外秘**として扱わなければいけないものです。

なぜ、このように積極的に定義をするのかといえば、それが成果を上げることになるからです。

図11　マニュアルの定義

① 企業の理念（方針・姿勢）をもとに
② 目標・期待を明確にして
③ 考え方・行動・判断・評価の基準（根拠）となるもの

最新・最高のノウハウの集大成（会社の知的財産）―社外秘―

目標・ゴールに到達する
最も効率的・効果的な方法を具現化したもの

➡ 全員が厳守すべき、会社（仕事）の基準

近年さまざまな企業がマニュアルを**経営の武器として再評価して**

いるのは、マニュアルがそれだけ大きな成果を上げていることの証なのです。

2　マニュアルは、仕組みである

マニュアルをより効果的に活かし成果を上げるためには、**「作成→活用→改訂」というマニュアルの基本サイクルを回すことが必須条件になります。**

マニュアルを作成し、そのマニュアルを活用して業務を習得する。活用する中で気づいた追加すべきことや変更すべき項目を検討して、改訂版を出す。

この基本サイクルを回すことが、マニュアルの成果を上げるためには欠かせません。

図12　マニュアルの基本サイクル

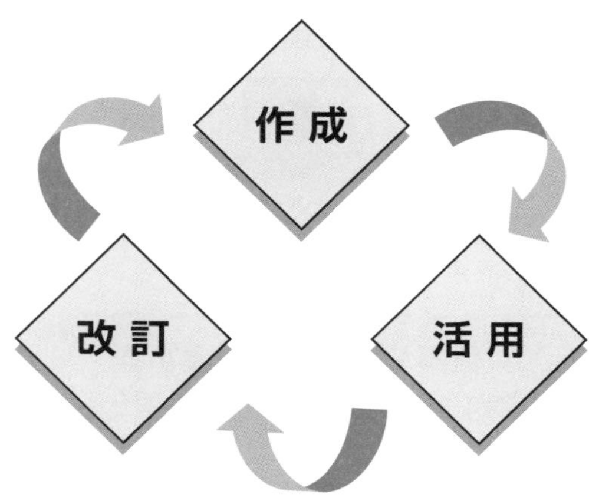

➡作成・活用・改訂の基本サイクルを回すことが重要！

「マニュアルを作ろう！」と考えたときには、**このサイクルを回すことを前提として取り組む**ことが、非常に重要になります。

マニュアルの基本サイクル、言い換えれば、**善循環の仕組みが機能する**ことで、マニュアルの成果をより大きなものにしていくのです。

つまり、**マニュアルの導入とは、「作成・活用・改訂」という仕組みを導入すること**、にほかなりません。

マニュアル　＝　仕組み

この仕組みを回し続けることが、成果を上げる必須条件なのです。

図13　マニュアルの基本サイクルとPDCA

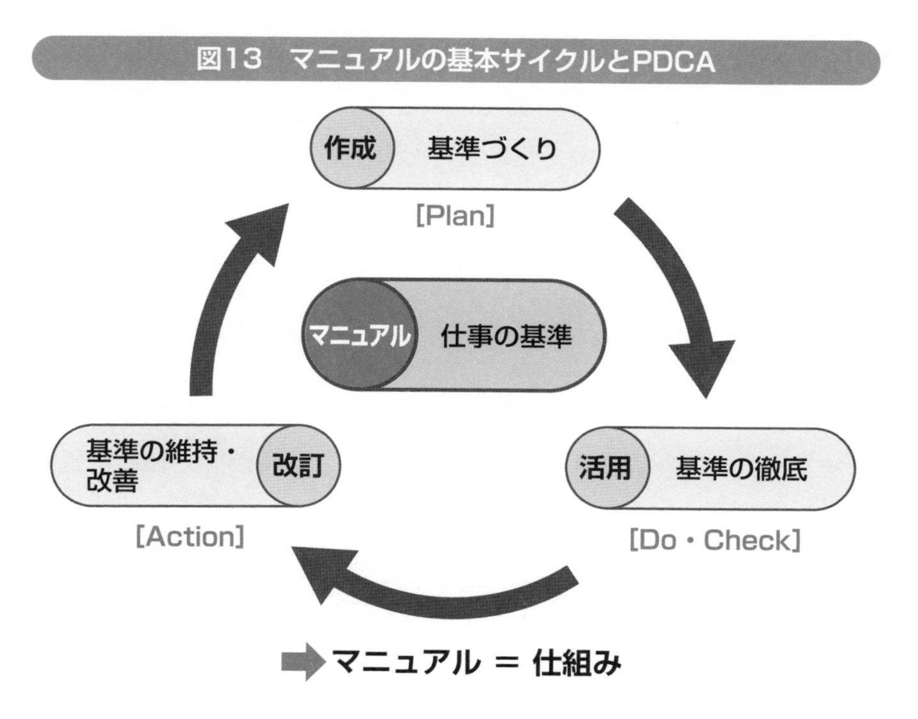

「マニュアルは、仕組みである」ということは、マニュアルの特性

からも説明できます。

⑴　マニュアルは、一人歩きをしない

マニュアルを作っただけで、満足している人がいます。マニュアルがあるという会社は多いですが、

「そのマニュアルは、使われていますか？」

と質問すると、残念ながらはっきりした答えが返ってこないのです。マニュアルは、使わなければ成果は出ません。マニュアルは、一人歩きをしないものだからです。

⑵　マニュアルは、変化に対応しなければすぐ古くなる

マニュアルには、賞味期限があります。鮮度が命です。

私たちは、環境や技術の変化、お客様の変化など、“変化”の真っただ中にいます。この変化に対応しなければ、すぐ古くなってしまうのです。

常に、最新の内容を取り入れて、“新鮮な”マニュアルにしておくことが何より重要です。

⑶　マニュアルは、さまざまな「仕組み」を必要とする

マニュアルは一人歩きをしないのですから、動かすためには電車で言えばレールのようなもの（仕組み）が必要です。

このレールを通す（仕組みを回す）ことで、ようやくマニュアルは成果に向けて走り出すことができます。マニュアルに必要なレール（仕組み）とは、作成・活用・改訂の３つになります。

こうした捉え方を踏まえることが、マニュアルの導入を成功させ

ることになります。

3　成果を上げる、６つの視点

これまで述べてきたことを整理し、さらに一歩踏み込んで、「マニュアルをどのように捉えることが、成果を上げ続けることになるのか」について考えてみます。

⑴　マニュアルは、会社（仕事）の基準　――会社の土台づくり――

マニュアルは、**会社の全員が厳守すべき仕事の基準**です。**例外はありません。**

初心者（新人など）もベテランも、その仕事に関わる人全員に等しく、マニュアルに沿った行動が厳しく求められます。「仕事のルールを守る」「仕事の基準を守る」ということは、重要な決まりごとなのです。

そうでなければ、**自己流がはびこってしまい、**マニュアルづくり以前の状態に戻ってしまいます。

全員がマニュアルを厳守する、これができて初めてマニュアルを会社の武器にできるのです。

マニュアルを作成するときやマニュアルを使うときは、マニュアルという基準の重要性、それを厳守することの重要性をしっかりと認識しておかなければなりません。

⑵　マニュアルは、最新・最高のノウハウの集大成（会社の知的財産）

マニュアルとは、**先人のノウハウ・コツ・秘訣が継承されたもの**です。

口頭であれメモ書きのようなものであれ、それらが自然に受け継がれて、今の仕事のやり方を作っています。こうしたさまざまな先人の最も良いやり方を、時代に合わせて取り入れていくこと。さらに、基本サイクルを回すことによって、良いものがより良くなって継承されていくことになります。

このように、最新・最高のノウハウを誰でもできるように標準化したものが、マニュアルなのです。

先人の知恵の固まり、会社の知的財産としてのマニュアルは、さらに進化を遂げて大きな成果を上げていくツールにすることができるでしょう。

⑶ マニュアルは、タタキ台

マニュアルは、**仕事を再現性の高い具体的な行動のレベル**でまとめたものです。

マニュアルが果たす役割の中で最も重要なことは、この**タタキ台としての機能**です。

「タタキ台があるから、意見を言いやすい」
「タタキ台があるから、アイデアが出しやすい」
「タタキ台があるから、修正や改善がしやすい」

といった現場の声や知恵を、マニュアルに反映させていく。この繰り返しで、マニュアルの精度がさらに上がっていきます。

⑷ マニュアルは、現在進行形

時代や環境は、否応なく変化・変更を要求しています。

従来の「固定したモノ」という考えでは、変化が速く激しい時代には対応できません。

時代や環境の変化に合わせて改訂する、現場の知恵をどんどん反映させていく。そうして、**常に最も効率的・効果的な最新・最高の方法を具現化し続けること**が必要になります。

つまり、マニュアルを固定したものではなく、**現在進行形のものとして捉えることです。100%の完成形はない**ことをしっかり受け止めておかなければなりません。

マニュアルは、飾っておくものではなく、**頻繁に変化に対応していく柔軟な"形"なのです。**

(5) マニュアルは、活動・仕組み

マニュアルは、単なる資料や参考書ではありません。

「マニュアルは、必要な人が必要なときに読めばよい」

と多くの人が思っているかもしれません。本当にそうでしょうか。

これまで述べてきたように、マニュアルは現場でフツフツと生まれている知恵やコツ、そして、"変化"を積極的に取り入れ反映させていくものです。固定したものではなく、現在進行形なのです。

マニュアルは、より効率的・効果的な方法を追い求めていく、改善活動そのものです。別の言い方をすれば、**始めたら終わりがない、継続する業務改善活動である**といえます。

このように、**マニュアルを活動・仕組みとして捉える**ことにより、マニュアルを活かし、**成果を上げ続けることができるのです。**

(6) マニュアルは、人を成長させ、人を活かす

マニュアルは、機械的な作業指示書ではありません。

マニュアルは、基礎（基本）といった仕事の土台づくりに威力を発揮します。個性やセンスというものは、このしっかりとした土台の上に積み上げてこそ、光り輝くものです。

先人の知恵を踏み台にして、自分の仕事の質を高めていく。そして、自分の可能性を拡げていく。

そのための強力な武器になるのがマニュアルです。

つまり、**人を成長させ、人を活かす土台が、マニュアルなのです。**

こうした6つの視点が、成果を上げ続ける上で必要になります。

そして、その第一歩は、

「決められたことを決められた通りに、徹底的に実行する」

ことから始まります。

繰り返しますが、どのように「マニュアル」を捉えるかで、成果が大きく左右されます。

「成果を上げる、６つの視点」を念頭に、マニュアルの導入を進めていただきたいと思います。

《成果を上げる、６つの視点》

(1) マニュアルは、会社（仕事）の基準
――会社の土台づくり――

(2) マニュアルは、最新・最高のノウハウの集大成
――会社の知的財産――

(3) マニュアルは、タタキ台

(4) マニュアルは、現在進行形

(5) マニュアルは、活動・仕組み

(6) マニュアルは、人を成長させ、人を活かす

➡ 「決められたことを決められた通りに、徹底的に実行する」ことから始まる

「成果が上がるマニュアルの捉え方」を踏まえて、次章から実際にマニュアルの作り方を学んでいくことにしましょう。

第２章のまとめ

《成果が上がるマニュアルの捉え方》

- ▶ 1　マニュアルは、リターンの良い投資
- ▶ 2　マニュアルは、現場の知恵を会社の財産にする
- ▶ 3　マニュアルは、会社（経営）の武器になる
- ▶ 4　マニュアルの捉え方で、成果が左右される

コラム マニュアルはきれいごと？

「マニュアルは、新人向け。現場では通用しない」
「仕事は、マニュアル通りにはいかない」
　だから「マニュアルはきれいごとだ」
　などなど、「マニュアル」に対する否定的な声をよく聞きます。
　１%の出来事をもって残り99%を否定する。１%をさも全体であるかのように説明する――これは、「テレビは目に悪い。だから、テレビは問題だ」と言っているようなものです。極端な例かもしれませんが、筆者にはそう思えてなりません。物事の一面だけを見て、全体を評価しているように思えます。

　確かに、仕事はマニュアル通りにいかないことのほうが多いのは事実です。
　たとえば、100人のお客様への対応方法は100通りあります。当たり前ですが、一人ひとり個性が違うわけですから、みんな一緒というわけにはいきません。そうすると、マニュアルには100通りのやり方を書いたほうが良いのかというとそうはなりません。一人のお客様でも、答えによってさらに枝分かれします。極端に言えば、どこまでも延々と枝分れしていくのです。これを全部マニュアルにすることは到底不可能ですし、意味がないことです。仕事のさまざまな経験を経て解決できることがいっぱいあるからです。
「マニュアル」は会社としての決まりごと、「基本」を書くことが大切です。誰でも一足飛びに、応用や個性的なやり方ができるものではありません。そこには、一歩一歩ステップを踏むというプロセスが必要です。

何事もそうだと思いますが、しっかりした土台（基本）ができて、はじめて次の応用へとつながります。
「基本」こそが、現場では必要なのです。

別の視点で考えてみましょう。
「基本」とは、新人が必要とするもの、といったイメージが強いですね。ベテランには必要がないのでしょうか。しかし、「基本」とは最も大事なこと、拠りどころとなるものです。会社の「基本」という言い方をすれば、それは会社としての原理原則といった意味が出てきます。つまり、それほど重要なことが、この「基本」にはある、書かれているということです。

仕事に慣れてくると、とかく“自分流”という勝手なやり方でコトを進めがちです。往々にして、これを“個性的”と履き違える人がいます。しかし、筆者に言わせれば、これは悪い意味で仕事の“癖や垢”である場合が多いのです。

では、枝分かれする個別具体的な例を書かずに、どのようにマニュアルにまとめるのか。

たとえば、よくあるお客様のタイプへの対応は、１つのやり方、基本形としてまとめることができます。アプローチ、商品説明といったようにステップでの対応方法、セリフなどを一番良い形で「マニュアル化」するわけです。

そうすると、実際にはお客様によってさまざまに枝分れするのに、マニュアルでは“都合よく”クロージングまでいってしまう。だから、「きれいごと」になるわけです。確かに、お客様はこちらが期待するようには動いてはくれないと思います。動いてくれたら、こんなに楽なことはありません。しかし、どんなお客様であれ、アプローチをして商品説明をするというステップは必要です。

さらに、お客様のお話をよく聞き、お客様のニーズを把握するために、たとえば、「どんな色がお好みですか？」と質問をすることは大切です。よくあるケースをもとに組み立てることによって、そこで必要な、心構えとか基本話法をしっかり学んでもらう。そのために、あえてさまざまに枝分かれすることを排除してしまう。言葉を変えれば、“ぜい肉”を削ぐということですね。そのほうが新人にとっては、格段に理解しやすいからです。

そして、その基本形が習得できたら、次のステップ、応用編に進んでいきます。ですから、その基本である習得してほしいことを“都合よく”まとめているマニュアルを使って学ぶことは、習得のステップとしては絶対に必要だといえます。

前述したように、誰でもいきなり応用編にはいけないのです。必要な原理原則を覚えてもらうために、あえて枝葉をつけずにまとめることが、逆に必要だということです。繰り返しますが、習得・成長のために、あえて「きれいに」しているということです。

「マニュアルは、きれいごと」とバッサリ切り捨てるのではなく、習得・成長の一ステップとしてしっかり捉え直すことが必要ではないでしょうか。

マニュアル
マニュアル

第3章

成果が上がるマニュアルの作り方　ステップ1

1 マニュアル作成の基本

1　マニュアルに求められるもの

（1）良いマニュアルとは何か

その仕事をはじめてする人にとって必要な内容が過不足なく、具体的に分かりやすく書かれていなければ、マニュアルだけでその仕事を理解することはできません。どう考えればよいのか判断できない抽象的な記述では困ってしまいます。

たとえば、次のような記述です。

- 合理的に判断する
- 適切な対応をする
- 目立つところに貼る
- 取りやすいように置く

これらは、ある会社の実際のマニュアルに書いてあった内容ですが、これを読んだ初心者は「適切な対応」や「目立つところ」が分からず、本当に困ったことでしょう。

「自分は、ここが目立つと思う」

「自分なら、５番目ぐらいが取りやすいかな」

と自由に貼られたのでは、マニュアルの役割を果たしません。

良いマニュアルには条件があります。

《良いマニュアルの３つの条件》

① 誰が読んでも、意味・内容が分かる
② 誰がやっても、同じようにできる
③ ほかの解釈ができない（理解が同じ）

この３つは、マニュアルの品質チェックのポイントにもなります。
つまり、この条件を満たしているものが、良いマニュアルです。

マニュアルには、新人もその通りに実行すれば、先輩社員と同じようにできることが求められます。言葉を換えれば、ある作業（行動）が同じようにできる、つまり、

マニュアルには、再現性が求められる

この「再現性」が、マニュアルの重要なキーワードになります。
もしマニュアルを読んで同じようにできなかったら、それは本人の問題ではなく、マニュアルに問題があるということです。
マニュアルを理解するうえで、頭の良さ（偏差値の高さ）は関係ないのです。

たとえば、
「目立つように貼る」
という表現では、どこが目立つのかの判断が人によって分かれてしまいます。
「右上の角に、貼る」
と書くことで、理解はほぼ統一できます。
「再現性の高い」マニュアルは、ほかの解釈ができない表現である

ことが必要なのです。

（2）「再現性」を確実にする具体性

マニュアルの「再現性」をより確かなものにするためには、細部にこだわって具体的に示すことが必要になります。

前述した、「右上の角に、貼る」という表現を、

「右上の上から３㎝、右から３㎝の角に、貼る」

と、さらに具体的に書くことで、誰でも同じように貼ることができます。つまり

- **細部にこだわる**
- **具体性を重視する**

これが、「再現性」をより確実なものにするうえで、非常に重要です。

この「具体性」という言葉は、右手・左手、㎝・㎜、秒・分のレベルで捉えることまで意味しています。

言葉を換えれば、**作業や行動を限りなく分解する**ことで、「誰でも同じようにできる」ようになるわけです。

「これくらいは、できる（分かる）だろう」

という**“自分の当たり前”を疑い、“具体性”を追求することでマニュアルの精度が上がり、同時に、成果を上げるマニュアルになっていきます。**

しかし、このように具体的に規定すると、必ず反対意見や反発が出てきます。

「上から５㎝のほうが良い」

「上からは良いが、右からは５㎝のほうが良い」

「この貼り方は、目立つとは思えない」などなど。

こうした意見が出るのは、示した基準が「具体的」だからです。

「目立つように貼る」

「手で箱をつかむ」

「イスから立ち上がる」

といった表現・レベルでは、ほとんど出てくることはありません。

実は、具体的にすることで出てくるさまざまな意見ほど、**貴重なものはない**ということです。

具体的な基準を示すことで

- ヌケ・モレなどに気づく
- ほかとの違いが見えてくる
- もっと良いやり方を工夫できる
- コツや知恵が出てくる
- 見直しや改善がしやすくなる

といった効果を生み、マニュアルの精度をさらにアップすることにつながります。最も良いやり方を検討する上での、まさに**貴重な情報・材料**になると言えるでしょう。

つまり、マニュアルを現場に導入しても、反対意見や反発が何も出てこないというのは、見方を変えれば、**マニュアルとしての「具体性」が不足している、「再現性」が劣るマニュアル**ということです。

ですから、

反対意見や反発を、歓迎する

という積極的なスタンスが必要になります。

前述したように、**マニュアルが果たす最大の役割は、「タタキ台」としての機能**です。

余談ですが、以前お手伝いした会社では、マニュアルを現場に導入したところ、猛烈な反発の嵐が吹き荒れました。
「これは会社の仕事の基準です。このやり方を厳守してください」
というメッセージを添えて出したわけですが、現場の反発は予想以上で、作成担当者から
「どうしましょうか？」
という困惑の連絡が入ったことがあります。
これは、本部の考えた「基準」と現場のそれとの乖離がかなりあったということです。
この対応としては、反対意見や反発を取材し、修正したほうが良いなら修正すれば良いだけです。
その担当者には、
「このマニュアルは非常に具体的だから、こうした意見や反発が出てくるんですよ」
と激励しました。ただし、本音としては、反発を受けるのは正直嫌ですよね。しかし、ここでぐっとこらえて様子を見ることが大切なのです。
後日談ですが、このマニュアルを１つの契機として、この会社の業績はまさにうなぎのぼりになりました。

（3）最も良いやり方に絞る

これまで、

- 再現性
- 具体性
- 細部にこだわる
- 作業分解

などの重要性について述べてきました。これらは「最も良いやり方」を求めるうえでの考え方・方法ですが、**そこで出た「やり方」が、そのまま「最も良いやり方」になるとは限りません。**

たとえば、

「確かに良いが、コストがかかりすぎる」

「誰でも同じようにできるが、時間が少しかかる」

「従来の延長線で、インパクトがない」

「こっちはいいけど、お客様（相手）にとってはどうだろう」

などの課題が出てきます。言うまでもなく、会社の業務としては、こうした視点での検証が必要になります。

そこで、さまざまな「良いやり方」を「最も良いやり方」に絞り込む際には、次のような検討基準を設け、検証する必要があります。

《絞り込むときの検討基準》

- ▶ それは、ムダ・ムラ・ムリの解消につながるのか
- ▶ それは、安・正・早・楽（安全・正確・早い・楽に）の向上になるのか
- ▶ それは、ミスやクレームの防止につながるのか
- ▶ それは、お客様満足の向上につながるのか
- ▶ それは、最も良いやり方になるのか

こうした基準を設け、必要であれば実際に現場で検証して判断します。そして、検討・検証した結果をもとに、**「最も良いやり方」1つに絞ります。これが会社としての基準、業務の基準になります。**

このようなプロセスを踏むことで、「会社の基準」として、「全員

が厳守すべきもの」としての価値が高まるのです。

さまざまなやり方 ➡ 「最も良いやり方」に絞り込む ➡ 業務の基準

ということです。

会社（現場）には、さまざまな貴重な知恵が眠っています。それが自己流であれ何であれ、これまでの経験のなかで培われてきたものです。多くの人から集めた、さまざまな知恵・コツ・ノウハウを集め、集めたそれらを検討することで、「最も良いやり方」に絞り込んでいく。

こうして、これまで**バラバラだった業務が、標準化できる**ようになります。

2　マニュアルの基本要件

(1)「4・2・1」がマニュアルの骨格

みなさんが仕事を教える立場にいたとしたら、その対象者に何を期待しますか？

たとえば、こんなことではないでしょうか。

- **その仕事の重要性をしっかり覚えてほしい**
- **正確に・丁寧に・確実にできるようになってほしい**
- **その仕事を早く覚えてほしい**

では、そのためには何が必要でしょうか。

- **その仕事の重要性をしっかり覚えてほしい**
  →その仕事の目的・目標・役割などが明確になっている
  →その仕事をするうえでの心構えや注意点などが必要

●正確に・丁寧に・確実にできるようになってほしい
→その仕事の手順・ポイント、所要時間が必要
→準備物や画像やイラストなどが必要
→チェックポイントやゴール（達成基準）が必要

●その仕事を早く覚えてほしい
→覚えやすい（教えやすい）量、方法で整理されている
→見やすいレイアウトでまとめられている
→繰り返し使いやすく整理されている

これらの要素がすべて網羅されていると、期待に応えられる確率がぐんと上がることになります。

知識やノウハウを"形式知"にする、と言っても、何でもかんでもただ書けばよいというわけではありません。習得しやすい（教えやすい）ものにするためには、必要な要件・ルールが必要です。言葉を換えれば、情報整理の基本ということでしょうか。

マニュアルには、基本的な３つの要件があります。

①４つの基本要素
②２つの視点
③１つのフォーマット

これが、マニュアルの骨格になります。

図14　マニュアルの基本要件（骨格）

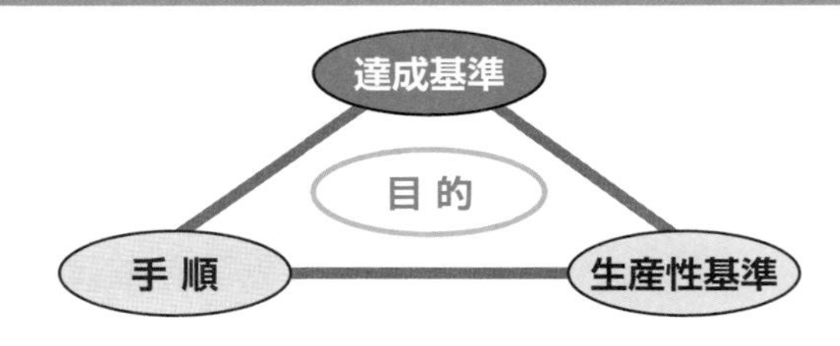

1 4つの要素

2 2つの視点

① **お客様**（いわゆるお客様以外に、後工程、他部門、工場、取引先などを含む）
② **対象者**（新人、はじめてその作業をする人）

3 1つのフォーマット（会社に1つのフォーマット）
作りやすい・使いやすい・見直しがしやすい

この「4つの要素、2つの視点、1つのフォーマット」が、成果が上がるマニュアルの骨格です（これらについては、第4章でくわしく説明します）。

マニュアルづくりには、このように基本的な3つの要件と前述した**再現性**が必要です。

一般的な文章のテクニックや情報のまとめ方だけでできあがるものではないのです。平たく言えば、**“きれいにまとめない”**ということになりますね。

（2）成果を上げる、基本サイクル

マニュアルで成果を上げるためには、前述したように**「作成➡活用➡改訂」の基本サイクル**を回すことが、必須条件になります。

マニュアルを作成し、そのマニュアルを活用して業務を習得（指導）する。そして、そのマニュアルを活用する中で気づいた修正点

や追加項目などを検討して改訂する。

このサイクルを回す、回し続けることで、マニュアルの精度はどんどんアップしていきます。

その結果、マニュアルの**権威は高まり**、さらに**マニュアルを進化させていく**ことになるのです。

このように、「基本サイクルを回す」ことが、マニュアルの成果を上げることになります。

つまり、マニュアルの導入とは、

作成・活用・改訂のサイクルを回すことを前提に始める

ということです。

さらに言えば、マニュアルの導入とは、

作成・活用・改訂の「仕組み」を導入すること

ですから、マニュアルを導入するときには、

- マニュアルを作成する仕組み
- マニュアルを使って学習や指導をする仕組み
- マニュアルに沿って評価する仕組み
- マニュアルを改訂する仕組み

などの導入以降の「仕組み」についても検討しておくことが必要になります。

3　マニュアル作成〜活用の基本

これまで述べてきたことを整理し、マニュアルづくりに関わる上での作成〜活用についてまとめておきましょう。

《マニュアル作成〜活用》

Ⅰ マニュアルを理解する　マニュアルを作ることは目的ではない

- ▶ マニュアルの源泉は、企業理念
- ▶ マニュアルは成果を上げるためのツールであり、仕組み
- ▶ マニュアルは、現場の問題解決力を鍛える

Ⅱ マニュアルを作成する　マニュアルは文章テクニックではない

- ▶ 目標・期待・基準を明確にする
- ▶ 知識や情報は４つの要素と２つの視点で整理する
- ▶ 使いやすいフォーマットにする

Ⅲ マニュアルを活用する　マニュアルは決して一人歩きはしない

- ▶ マニュアル活用とは、「習得と徹底」によって、基準を「定着」させること
- ▶ 習得のためのツールと仕組みを用意する
- ▶ 徹底のために全員を巻き込んだ活動に取り組む

Ⅳ マニュアルを改訂する　マニュアルは改訂してこそ成果が上がる

- ▶ マニュアル改訂とは、定着した基準を、変化に合わせて「進化」させること
- ▶ 改訂の仕組みを用意する
- ▶ 業務改善活動と連動させる

4　推進体制・組織づくり

（1）マニュアル導入の全体像

マニュアルを導入する場合、「何から、どのように」検討していけばよいのでしょうか。

一般的には、導入の担当者を任命して検討させていくことになります。この担当者の任命から、広い意味での「マニュアル導入」が始まります。

「マニュアルの導入」の流れは、大きく4つに分けられます。

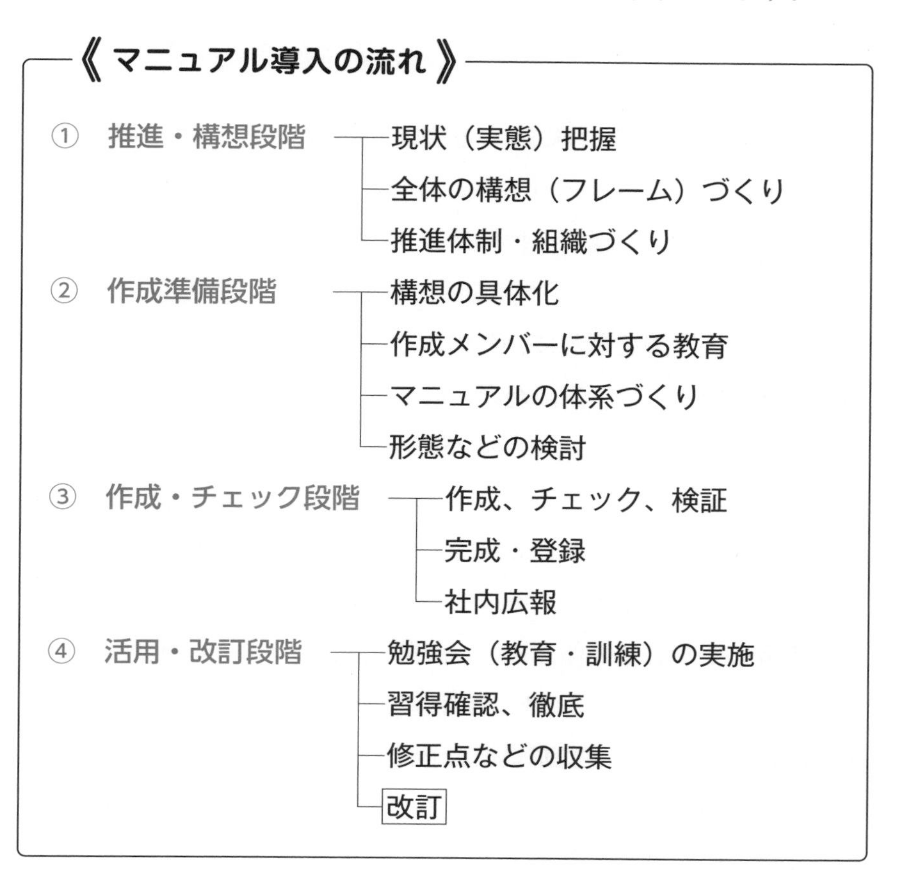

① 推進・構想段階

最初の仕事は、現状（実態）を調査し、問題・課題を把握することです。

アンケート調査や関係者へのヒアリングを通して、

- **今何が問題なのか、どんな状態なのか**
- **何を改善しなければならないのか、**
- **どんな要望があるのか**
- **マニュアルの有無、活用されているのか**

などを把握し、整理します。

もちろん、トップの「こういう問題があるので、これを解決（マニュアル化）したい」という考えで進めていく場合もあります。この場合でも、やはり現状の把握は必要です。

次に、**現状把握をもとに、どのようなマニュアル（対象・種類・内容）をいつまでに（完成時期）作成すればよいのかを決めます。**この段階では、まだマニュアルのイメージは漠としたもので問題ありません。

そして、どのような組織とメンバーで取り組めばよいのかを検討します。**作成だけにとどまらず、その後の活用・改訂を考えて人選にあたる**ことが必要です。

なお、外部のマニュアル専門会社を活用する場合は、この段階で打ち合わせや見積書などを依頼するのがよいでしょう。

ここまでのことをまとめて、提案書としてトップに上申します。

《提案書の作成例》

（1）現状

・人によって、作業のやり方がバラバラ

・ムダ・ムラ・ムリが発生している

・自己流（我流）で仕事が行われている

（2）問題点

・仕事のルールがない

・教える仕組みがない（習うより慣れよ）

・口頭での引き継ぎ・指導が中心

（3）方向性

・会社としての仕事の基準づくりは、急務！

・テーマを絞って取り組むことが必要

・ベテラン社員のノウハウの見える化が重要

■ マニュアル化に向けて

（1）作成するマニュアル（候補）

・レジ操作に関係するマニュアル

——対象者が多い、緊急性も高い

・お客様別の対応マニュアル

——ベテランのノウハウを会社で共有

（2）完成時期

・○○年○月（スタートから６カ月後）

（3）組織・メンバー構成

・○○部の課長＋ベテラン３名

・○○部のベテランＡさん＋ヒアリング・マニュアル化担

当Bさん

（4）進め方

・「マニュアル作成委員会（チーム）」を発足させて、取り組む

・ベテランAさんをヒアリングし、それをまとめてマニュアル化

（5）スケジュール

・○○年○月○日、社内告知後スタート

（6）費用

・外部専門会社の指導料――○○万円

組織の立ち上げと同時に、社内告知をします。

社内告知では、マニュアル化に至った背景を中心に説明し、マニュアル化の重要性や今後の作成活動等についての協力をお願いします。

これはマニュアルづくりに選出されたメンバーの責任と役割の重要性を自覚してもらううえでも、作成会議や作成時間の確保などメンバーの活動をしやすくするうえでも必要です。

実際、業務時間内での作成や活用勉強会など、他の社員に気兼ねを感じるような活動も多々あります。**会社が積極的に推進する活動・業務として、"お墨つき"を与えることは非常に重要です。**

また、社内の関心を高めることによって、さまざまな提案・改善ニーズなどを集める、活用段階での協力を得られやすくするためにも、社内告知を必ず実施することが必要です。

② 作成準備段階

最初にすることは、作成委員会（チーム）の招集です。

この会合で、現状の調査結果などをくわしく説明し、全体の構想・完成までのスケジュールなどについて、メンバーとの共有化を図ります。そして作成するマニュアルの種類・範囲、優先順位づけ、メンバーの活動・役割分担など、より具体的な内容・進め方などについて検討していきます。

外部のマニュアル専門会社を活用する場合は、この段階から参加してもらったほうが良いでしょう。

業務の体系化を図る、ということであれば、まず必要なマニュアルの洗い出しをします。

《マニュアルの体系化――サンプル》

店舗運営マニュアル
- 基本マニュアル（作業者の心得、身だしなみなど）
- 清掃マニュアル
- 陳列マニュアル
- 接客対応マニュアル
- 機器操作マニュアル　etc……

この段階では、マニュアルの体系は仮のもので問題ありません。

また、ベテランＡさんのノウハウの見える化であれば、どんなノウハウを見える化するのか、その業務の大枠のフロー図などが整理できると、その後の活動がしやすくなります。

次に、マニュアルの形態（形状・大きさ）について検討します。

マニュアルの内容・用途によって、その形態はさまざまです。

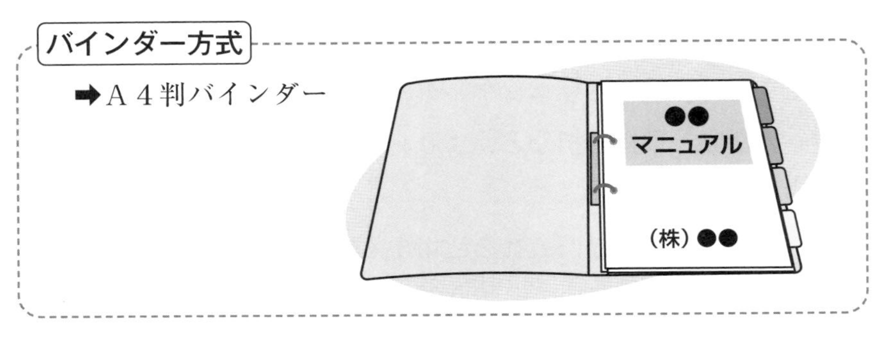

業務マニュアルについては、Ａ４判バインダー方式を推奨しています。習得しやすい情報量が掲載でき、勉強会などでも活用しやすく、さらに、修正ページの差し替えが簡単にできる。つまり、改訂がしやすいのがその理由です。

会社の理念・ビジネスマナーなどは、携帯型のほうが使いやすいでしょう。

いずれにせよ、その用途・活用方法によって「バインダー方式」か「小冊子方式」のどちらかを選ぶことになります。

全体はＡ４判で作成し、頻度の高いものをあとで「携帯型」で編集し直す、ということもよくあります。

作成メンバーが、「マニュアル」の完成形のイメージを持って作業に取りかかるようにすることが必要です。

③作成・チェック段階

以降については、第４章でくわしく説明します。

（2）作成委員会（チーム）の立ち上げ

マニュアル作成に当たっては、まずどのような組織を作るかを検討することが必要になります。

作成する（したい）マニュアルの目的・種類・内容などによっても自ずと変わってきます。会社全体に関わるものであれば、「マニュアル作成委員会」的な名称の組織を作り、関係する部門の代表メンバーを集めて発足させます。事務局は、人事部門が担当します。

ただし、人数が多くなると、事務局の仕事も膨大で煩雑になるので、**かなり強い権限と強制力を持たせなければ、運営は難しいものになります。**

ある部門のマニュアル、たとえば「営業マニュアル」を作るのであれば、ハイパフォーマー（成績優秀者）を含むベテラン数名で「マニュアル作成チーム」を編成します。また、幾つかの部門にまたがる場合も同様に、より現場・実務にくわしい優秀な人を選ぶことが必要です。

優秀な人は優れた知識やスキルを持っていますから、それをマニュアルに反映させることは「会社全体のレベルを底上げする」「会社のノウハウを蓄積する」うえでも非常に重要になります。

現場のある作業をマニュアル化する場合、その作業を主に担当しているのがパート＆アルバイトだとすれば、パート＆アルバイト中心の「チーム」を作ります。そして、彼らの上司にあたる社員が必ず「チーム」の一員として参加します。**「会社の基準」としての視点が必要**になるからです。

ベテラン社員やハイパフォーマーのノウハウを見える化する場合には、マニュアル化を担当する部門の人間がヒアリングしてまとめるという方法をとります。この方法は、クリエイティブな業務や職人の技の見える化なども同様です。

この人たちは「自分がやっていることは、そんな大したことではない」という照れとも謙遜とでも言えるもの、また、「自分が長年にわたり培ってきたノウハウは、マニュアルにはならない」くらいといった意識が根底にありますから、**第三者が「聞き出す」**ことが重要です。

「自分がしていることを、ちょっとまとめてください」では、往々にして薄っぺらなものになってしまいますので注意してください。

《代表的なマニュアルの種類》

① 全社的なマニュアル（多くの部門が関わって作成）
- 店舗運営マニュアル、販売業務マニュアル　etc

② 部門独自で作成するマニュアル
- 総務部門業務マニュアル、○○操作マニュアル　etc

③ クリエイティブなノウハウのマニュアル化
- ○○職人の技マニュアル、○○の達人マニュアル　etc

次に、「作成委員会（チーム）」の構成は、基本的には「３名以上」が必要です。

「会社の基準を作る」わけですから、一人のやり方をそのまま「基準」にするわけにはいきません。相互にチェック・検討し、このやり方が「基準としてふさわしいか」を判断することが必要になるからです。

人数を集めることが無理な場合は、担当者が作成したマニュアル案を、まさにタタキ台として関係者に配付し、それをもとにヒアリングをしてマニュアル化を進めることになります。

活動は、普通月１～２回のペースで行います。スタート時や作成の終盤などでは毎週会合を持つこともあります。

また、**メンバーの中からリーダーを１名選出**します。リーダーと事務局が協力しながら活動していくことになりますが、リーダーが事務局を兼任しても問題ありません。

この「マニュアル作成委員会（チーム）」によって、「マニュアル」の全体構想・作成実務・進捗管理・活用・改訂などが検討され実行されていくことになります。

外部のマニュアル専門会社との連携なども、この組織の重要な役割です。

メンバーの活動は長期間にわたりますが、ここに参加することで得られる経験、スキルなどは本当に貴重なものです。

「マニュアル作成」のプロセスだけでも、以下の効果が得られます。

①　**日頃の業務の見直し・振り返りができる**
②　**新しい知識・スキル習得の機会になる**
③　**論理的思考の訓練になる**
④　**分かりやすいビジネス文書の書き方訓練になる**
⑤　**問題解決・改善のキッカケづくり、意識の醸成になる**
⑥　**周囲とのコミュニケーションの活性化につながる**

重要なのは、**できるだけ多くの人たちに「マニュアルづくり」に関わってもらう**ことです。

「自分たちが作ったマニュアル」ということで、責任も生まれますし、その後の活用、教育・訓練などにも大きく影響してきます。

「マニュアル導入」の成功は、この“組織づくり”が期待するような形でできるかどうかにかかっています。役割・責任を明確にし、そして、**権限と強制力を持たせる**ことで活動を遅滞なく進めることができます。

（3）　メンバーに対する教育

委員会（チーム）のメンバーに対する教育は、非常に重要です。

「マニュアル」に対する理解の共有化はもちろん、これによって「マニュアル」自体の品質・精度にも大きく影響してきます。マニュアルによる成果を上げていくためには、メンバーのしっかりとした理解なしでは達成できないからです。

教育の主な内容は、

① 「マニュアル」の捉え方（重要性・必要性）
② 「会社の基準」について
③ 業務の見直しの視点について
④ 作成方法について
⑤ 活用・改訂について

などを中心に説明します。

「作成方法」については、これから詳しく説明していきますが、「業務の見直しの視点」について、次の２点を確認しておきましょう。

① 一歩先の基準を作る
② 例外を作らない

① 一歩先の基準を作る

現状をただまとめるのではなく、一歩先の基準を作ることを強調します。
「今やっていること（やり方）が一番良い」と考えている人が大多数です。この人たちに対して、主旨をきちんと理解してもらい、「より良いやり方・基準づくり」、つまり、業務の見直し・改善に協力してもらうことが必要です。

ただし、「とりあえず、現在やっていることをまとめる」こともあります。これはある業務に携わっている人がその人以外いない場合、まずその人の業務を見える化する必要があるからです。

② 例外を作らない

「これは特殊(特別)だから……」「これは人によって違うから……」「これはケースバイケースで考えるべきだ」

などと言って、マニュアル化から外すことがよくあります。

確かに、何でも「マニュアル」にできるものではありませんが、簡単に結論を出さないことです。**いかにしたら、「誰でもできる」ようになるのか、このアプローチ・姿勢が非常に大事です。**

暗黙知を形式知にするのが、マニュアルの役割です。再現性・具体性を追求することが、「会社のノウハウ」の蓄積や新しい「基準づくり」につながります。

業務の見直し・新しい基準づくりは、改善の出発点であり、

仮説 —— 実践 —— 検証 —— 修正

のサイクルを回すことの重要性を強調し確認することが必要です。

マニュアル導入に取り組む中で、さまざまな問題が次から次へと発生してきます。

メンバーに対する教育は、動機づけを含めて、必要に応じて随時行うことが大切です。メンバーが納得して活動に意欲的に取り組んでもらうことを、第一に考えておかなければなりません。メンバーの「やる気」が成果を左右する、と言っても過言ではないからです。

では次に、マニュアル作成の具体的な進め方について、見ていきましょう。

2 テーマの選定と目標の設定

マニュアル作成の基本ステップを整理してみます。

《マニュアル作成の基本ステップ》

1　目的・狙いの明確化
2　テーマの選定
3　目標の設定
4　業務（作業）の洗い出しと整理
5　各要素の書き方の統一
6　フォーマットへの落とし込み（原稿作成）
7　チェック・検討
8　完成・配付

このマニュアル作成の全体像とステップを、まずつかんでおきましょう。

1　目的・狙いの明確化

（1）　なぜ、マニュアルを導入するのか

いきなり個々のマニュアル作成に入るのではなく、会社が抱える問題や仕事全体を俯瞰して、どのような問題を解決したいのか、どんな成果（効果）を上げたいのかを検討することから始めることが必要です。

「とりあえず、今やっている仕事を書き出す」という方法では、あ

とでマニュアルを仕組みとして大きく動かしていく際に、マニュアル全体の構成（組み立て）を検討することからやり直さなければならなくなることもあります。

また、マニュアル作成には複数の人間が関わりますので、
「フォーマットや表記方法がバラバラ」
「マニュアルのできあがりが違う」
というようなことになりかねません。「急がば回れ」という言葉があるように、一つひとつのステップをしっかり積み重ねていくことで、効率的で効果的なマニュアルを作成できるようになります。

（2）目的・ゴール（目標）を明確にする

どんな仕事を始めるにしても、その目的とゴール（目標）を明確にすることが、はじめの一歩といえます。

何のために、なぜマニュアルを作成するのかを明らかにすることは、非常に重要なことです。

【目的の例】

- バラバラなやり方を統一したい
- 属人化しているノウハウを見える化したい
- 業務の見直しをしたい（ムダ・ムラ・ムリをなくしたい）
- 新しい機械・設備に対応したい
- 今あるマニュアルが古い（使われていない）から
- 会社のノウハウを整備したい
- 引き継ぎ用のマニュアルが必要だから

⋮

目的によって、自ずとゴール（目標）は違ってきます。

「必要だから……」「上から言われたから……」では、作成メンバーの士気は上がりづらいでしょう。これを機会に、「会社の最新のノウハウをまとめたい」というくらいの積極的な理由・意義を打ち出すことが必要です。

「目的」が明確になれば、ゴール（目標）もそれなりに見えてきます。「目標」は、言うまでもなく、達成すべきもの、目指すべきところです。ここでは、「何を作るか」がそれに当たります。

2　テーマの選定

（1）解決したい課題――会社（職場）の現状

先に述べたように、会社（職場）の現状を考えると、いろいろなテーマが浮かんできます。ここでは、「どんなマニュアルを作るか」を考えてみたいと思います。

会社や職場でよくある問題として、次のようなことが挙げられます。

- 同じ仕事なのに、みんなやり方がバラバラ
- 非常に効率の悪い作業の進め方をしている
- 具体的な数値などの基準がなく、みんな自己流で仕事をしている
- 属人化しているノウハウが多い（仕事が見えない）
- ミスやクレームが多い
- 初心者とベテランとの成果（生産性、品質）のギャップが大きい
- その作業を覚えるのに時間がかかる
- 引き継ぎに時間がかかり、うまく引き継ぎができない

- 出来上がり（完成品、コスト）にバラつきが多い
- 職場全体として仕事のスキルが未熟
- 会社としてのノウハウの蓄積がない　etc…

こうした多くの問題をすべて解決するために、幾つものマニュアルを同時に作ることは物理的にも難しいことです。そこで、**目的を踏まえ、成果を考えて、実際に作るマニュアルのテーマを絞り込む**ことが必要です。

（2）テーマを絞り込む――「テーマ選定シート」の作成

テーマの選定は、**そのマニュアル（作業）に関わる人が多いことも1つの条件**にはなりますが、目的・成果を考えて選定します。

テーマの選定は、以下のステップで進めます

《テーマ選定のステップ》

① 関係者全員で、テーマをリストアップする
② 選定基準に沿って、テーマを評価し絞り込む
③ 選定したテーマに沿って、マニュアルのタイトルを決定する
④ 範囲・条件を設定する

① 関係者全員で、テーマをリストアップする

まず、テーマのリストアップです。**「テーマ選定シート」**を使い、関係者全員で各人が必要だと考えるテーマをリストアップします。

その際、「現在の状況、問題」を書くのではなく、どの仕事の何（業務・作業スキル）を、「今後どうしたいのか（目標・成果）」と

いう視点で、「テーマ選定シート」の「テーマ」の欄に書きます。

たとえば、目的が「バラバラな仕事のやり方を統一したい」なら、
テーマは、「○○の操作が人によってバラバラ」ではなく、

→ **「○○の操作方法の統一」**

目的が「属人化しているノウハウの見える化」なら、
テーマは、「○○の仕事が分からない」ではなく、

→ **「○○作業の標準化（見える化）」**

目的が、「作業の効率化」なら、
テーマは、「非常に効率の悪い作業をしている人がいる」ではなく、

→ **「○○（作業）の均質化と向上」**

などと書き出します。

図15　テーマ選定シート（作成例）

テーマ選定シート

作成日：　　年　　月　　日
所属：　　　　　　　　氏名

評価：高い＝3、普通＝2、低い＝1

	テーマ	成果度 分類	成果度 評価	重要度 評価	緊急度 評価	合計
1	レジ操作のスキル向上					
2	陳列作業の標準化					
3	検品作業の均質化					
4						
5						

分類：　A＝現状の問題を解決できる　　B＝全体に与えるインパクトが大きい

②　選定基準に沿って、テーマを評価し絞り込む

次に、マニュアルにしたいテーマを、関係者全員で絞り込んでいきます。

まず、各人が「テーマ選定シート」に書き出したテーマの優先順位をつけていきます。

一般的に優先順位は、**重要度と緊急度という２軸**で判断しますが、それだけでは先に挙げたテーマをうまく絞り込むことができません。そこで、この重要度と緊急度にもう１つ、**成果（効果）度**という軸を加えます。この３つの判断軸を使うことで、テーマを絞りやすくなります。

マニュアルを作成する際には、この３つの軸のうち**成果（効果）度に大きなウエートを置きます。**なぜなら、マニュアルは前述したように「成果を上げるツール」なので、何よりもそれを重視します。

ここで、「成果（効果）度」について、くわしく見ていきましょう。

成果（効果）度は、さらに４つに分類できます。

図16　選定（絞り込み）基準ー成果（効果）の４分類

●重要度・緊急度・成果度の３軸で選定

A	**結果（成果）が、現状の問題を解決する**
	マニュアル作成が、現状の問題解決や効率化に直結するかどうかを考える。バラバラなやり方を統一したり、作業時間を短縮したりするといった問題解決につながる。
B	**結果（成果）が、全体に与えるインパクトが大きい**
	戦略商品に絞ったマニュアルを作成するなど、現状で一番難しい、あるいは、問題が多いといわれている部門や作業などのマニュアルを完成させる。会社（職場）全体に大きな影響を与えることが期待できる。
C	**結果（成果）が、よく目に見える（分かりやすい）（ビフォーとアフターが、明確に比較できる）**
	これまで10分かかっていた作業が、５分になった。ファイリング方法を新しく決めたことで、誰もがミスなくできるようになったなど、変化（効果）が数値的にも明確に分かる。
D	**結果（成果）が、会社（職場）全体のスキルの向上になる**
	ハイパフォーマーや職人の技・知恵・コツなどを見える化することで、会社（職場）全体のスキルの向上につながり、また、知的財産の蓄積にもなる。

これら４つの分類は、別々のものではなく、**何をより重視（優先）するのかという判断材料**となるものです。

たとえば、社内でマニュアルを作成し、現場に導入したとき、

「マニュアルって、効果があるな」

「マニュアルができて、助かるよ」

といった従業員の声が上がることは、非常に重要なことです。

また、

「マニュアルを作って良かった」

という関係者の体験・理解は、今後の作成・活用にも大きな影響があります。
「作って良かった」という体験・理解のためには、マニュアルの効果を明確にできる、Cの「結果（成果）が、よく目に見える（分かりやすい）」を重視します。結果がよく目に見える、たとえば数値的に明確になるということは、マニュアルの価値や活用の説得力を向上させることに直結するからです。

一方、３つの軸（重要度・緊急度・成果度）は、相互に関係することが多いので、内容が重複することがあります。

ここでは、優先順位をつけることが目的で、分類することが目的ではありません。ですから、重複することについては、あまり気にすることはありません。

リストアップしたテーマを、**高い：３、普通：２、低い：１**で評価し、その合計を出します。各人が評価し判断した優先順位の高い（合計点数が多い）テーマをもとに、関係者全員で話し合い、１つに絞り込みます。

③　選定したテーマをもとに、マニュアルのタイトルを決定する

次に、選定したテーマから、作成するマニュアルのタイトルを決めます。たとえば、次のようになります。

テーマ：レジ操作の均質化と向上

タイトル：レジ操作マニュアル

テーマ：棚卸し業務の効率化

タイトル：棚卸し（業務）マニュアル

マニュアルのタイトルは、簡単に決められそうですが、テーマを踏まえて決めないと、あとで

「どんなマニュアルにするのでしたっけ？」

などと混乱することにもなりかねません。また、「お客様満足の向上」など、抽象的で大きなテーマにしないことです。これでは、あとで必要な項目を絞り込むことが難しくなります。

- **関係者全員で評価し**
- **絞り込むという選定のプロセスをしっかり踏まえて**
- **テーマやタイトルを決定する**

ことが重要です。

④　範囲・条件を設定する

テーマ・タイトルが決定したら、次は「範囲・条件」の設定をします。

マニュアル全体の一貫性（つながり、ストーリー）を保つうえで、また、マニュアルに引用する商品やさまざまな画像などを統一するうえで、必要な「枠組み」を決めます。言葉を換えれば、「作成モデル」を設定するということです。

＜例＞

「○○商品、価格○○円の場合」

「期間○年、受注額○○円のケース」

「○○を購入したいお客様のケース」

「定期レギュラー商品の開発の場合」

この設定に基づいて、業務作業の洗い出し、業務フローの整理、原稿内容（例や画像など）の検討などをしていきます。

　これを決めておかないと、
「展開の仕方が違ってくる」
「やり方の選択に迷う」
「準備するものが変わってくる」
　といったことが多々起こります。あらかじめ決めておくことで無用な混乱が避けられます。
「範囲・条件」を設定するということは、マニュアルの進む（書く）方向を決めることです。
　ただし、この設定が必要でないテーマもあります。ビジネスマナーや商品知識といったマニュアルには、あえて設定することはないでしょう。

　これで、「テーマ選定シート」の項目がすべて決まりました。
　このシートは、**マニュアルづくりの前提、土台**ともなるべきものです。作成の途中で何か問題が起きたら、このシートに戻って、再確認することが必要です。

図17　テーマ選定シート

テーマ選定シート

作成日：　　年　　月　　日

所属：　　　　　氏名

評価：高い＝3、普通＝2、低い＝1

	テーマ	成果度		重要度	緊急度	
		分類	評価	評価	評価	合計
1	レジ操作のスキル向上	B	3	3	3	9
2	陳列作業の標準化	C	2	2	1	5
3	検品作業の均質化	A	2	2	2	6
4						
5						

分類：　A＝現状の問題を解決できる　B＝全体に与えるインパクトが大きい

C＝成果が目に見える（わかりやすい）　D＝会社（職場）全体のスキルの向上になる

決定テーマ

レジ操作のスキル向上

マニュアルのタイトル

レジ操作マニュアル

範囲・条件の設定

テナントでのレジ操作

（3） 選定プロセスの重要性

「どんなマニュアルを作るか」を決める選定のプロセスは、その後の作成や活用段階においても大きく影響してきます。

① 選定した「テーマ」の意義・重要性が明確になる ② テーマ（目的、目標）の達成による、成果（効果）が明確になる ③ 作成の方向性・方針が一本化される ④ 業務・作業が洗い出しやすくなる ⑤ 構成（目次）が立てやすくなる ⑥ 「活用」の方針・計画が明確になる

このように、選定のプロセスをしっかり踏まえることで、作成メンバーの意思統一ができ、作成時のブレやミスなども防ぐことができます。また、「活用」段階へもスムーズに移行できるのです。

結論から言えば、**最初は取り組みやすい（量が少ない）テーマから始め、徐々にハードルを上げていく**という取り組み方をするほうが良いでしょう。

繰り返しますが、簡単に決めやすいテーマやタイトルだからこそ、しっかり検討して決めることが何より重要なことです。

3　目標の設定

（1）目標（期待レベル）の明確化

目標の設定は、そのマニュアルを使うことで、どのようになってほしいのかを明確にすることです。

業務マニュアルの場合は、特定の業務や作業をできるようにすることが目的なので、その観点から整理します。

テーマとタイトルから、習得する業務スキルの目標を設定していきます。つまり、習得（到達）する目標を決めるということです。この**習得目標**は、４つの要素で整理します。

４つの要素	設定の例
①　誰に（対象者）	初心者（対象者）が
②　何を（習得内容）	○○業務（作業）を
③　いつまでに（習得期限）	６カ月以内に
④　どこまで、どうなってほしい（期待レベル）	正確にスピーディにできるようになる

これらを整理することで、マニュアルの骨格と内容づくりが明確になります。

ただし、③の習得期限や④の期待レベルは、この時点では仮のものでも大丈夫です。実際にマニュアルづくりをしていく中で、「これは６カ月では難しそうだ」「期待レベルが高すぎないか」などの検討、修正をすることになるからです。

（２）目標シートの作成

最初に、「テーマ選定シート」をもとに、**テーマ、マニュアル名、範囲・条件を記入します。**

これらを踏まえて、目標などを設定していきます。

まず、期待レベル、つまり、ゴールするまでのステップ（**習得ステップ**）を検討します。

なんでもそうだと思いますが、一足飛びにゴールにたどり着けるものではありません。ある業務を初心者ができるようになるためには、一般的にある一定の段階を踏んでいくことが必要です。

最終的な目標（ゴール）だけが挙げられていては、具体的にどのようにしたらよいのか見当がつきません。そこで、「目標シート」には、**最終的な目標（ゴール）を習得ステップの最後の期待レベル**

図18 目標シート

テーマ			
マニュアル名		範囲・条件	
目　標		習得期限	

習得ステップ	期待レベル	習得期限
1		
2		

習得ステップ	期待レベル	習得期限
1	●○○業務（作業)」の基礎知識を理解している ●○○業務（作業）が一人でできる	1カ月以内
2	●○○業務（作業）が正確にできる	3カ月以内
3	●○○業務（作業）が正確にスピーディにできる	6カ月以内

最終的な目標

に記入します。そして、それに達する前段階では、どのレベルであってほしいか、また、その前は、というように習得のステップをさかのぼって作成していきます。

このとき、テーマ、マニュアル名、範囲・条件をその都度確認し、そこから逸脱していないかをチェックしながら進めることが必要です。

このように、**習得ステップを見える化する**ことで、最終的な目標（ゴール）までのプロセスがはっきりします。

「目標シート」の内容は、現時点では仮のものとして捉えます。後述する業務の洗い出しをする中で、習得ステップの期待レベルや習得期限、さらに習得ステップの数さえも変更になることがあります。

その場合は、その都度書き直していきます。

（3）「目標シート」作成時の注意点

「目標シート」を作成する上で注意しなければならないことは、幾つかあります。

まず、習得ステップ数は、あまり多くしないようにします。目安としては、３～５ステップ程度。

習得期限は、長くても１年以内です。それ以上の時間がかかるものは、テーマや目標設定そのものが高すぎる（大きすぎる）と考えられます。各習得期限は、マニュアル活用（トレーニング）開始日からの必要な期間を設定します。

また、期待レベルが高すぎたり、習得期限が短すぎる、といったこともよくあります。

「このぐらいまでには、できてもらわなければ……」

「この期間で習得は大丈夫だろう」

などと、過度の期待をしたり、自分の尺度で期間を判断したりすることは、避けたほうがいいでしょう。“当たり前”の単純な作業でも、初心者にとっては習得が難しいこともあります。

ここでも、「対象者」の視点で考えなければなりません。

一つひとつのステップを踏んで、しっかり習得してもらうということが大切です。

この「目標シート」は、後述する「業務作業分類表」とともに、**マニュアル作成の骨格を決める重要なシート**です。

また、**この「目標シート」はその後の育成・教育の仕組みづくりにも活用します**ので、無理のない「目標シート」の作成が重要になります。

《「目標シート」作成時の注意点　まとめ》

- ▶ テーマ、マニュアル名、範囲・条件を確認しながら作成
- ▶ 習得ステップ数は、あまり多くしない（3～5程度）
- ▶ 習得期限は、長くても1年以内
- ▶ 習得期限は、マニュアル活用（トレーニング）開始日からの必要な期間
- ▶ 期待レベル・習得期限は、対象者に合わせる

図19 「目標シート」の作成例

テーマ	レジ操作のスキル向上		
マニュアル名	レジ操作マニュアル	範囲・条件	テナントでのレジ操作
目　標	レジ操作が正確にスピーディにできる	習得期限	6カ月以内

習得ステップ	期待レベル	習得期限
1	①レジ業務（操作）の基本知識を理解している ②基本操作（現金払い）が一人でできる	0.5カ月（15日）以内
2	①基本操作（現金払い）が正確にできる ②クレジット（カード払い）の操作が一人でできる	1カ月以内
3	①基本操作（現金払い）・クレジット（カード払い）の操作が一人で正確にできる ②電子マネーの会計操作ができる	2カ月以内
4	①レジ操作（基本操作・クレジット・電子マネー）が正確にスピーディにできる	6カ月以内

テーマ	検査内容の標準化		
マニュアル名	検査実施マニュアル	範囲・条件	——
目　標	仕様書に基づいて一人で検査が実施できる	習得期限	3カ月以内

習得ステップ	期待レベル	習得期限
1	①仕様書の内容が理解できる	2週間以内
2	①仕様書の内容に基づいて上長の指示／指導を受けながら、検査内容の決定ができる	1カ月以内
3	仕様書に基づいて一人で検査が実施できる	3カ月以内

3 業務の洗い出しと整理

1　洗い出しの手順

（1）「目標シート」をもとに、実際の業務（作業）を書き出す

「目標シート」を踏まえて、選定したテーマの具体的な業務（作業）を書き出していきます。

このとき、「目標シート」にある「範囲・条件」（モデル）を確認しながら書き出すことが必要です。なぜなら、「範囲・条件」によっては、必要のない業務（作業）もあるからです。

また、直接的な作業ではないけれど、その作業をするうえで必要な基礎知識、心構え、基本用語、注意点などがあれば、それもリストアップします。ポストイット１枚に１つの作業を、どんどん書き出していきます。

（2）業務（作業）をまとめる

書き出した作業（ポストイット）を大まかな業務の固まりにまとめ、それにタイトルをつけます。

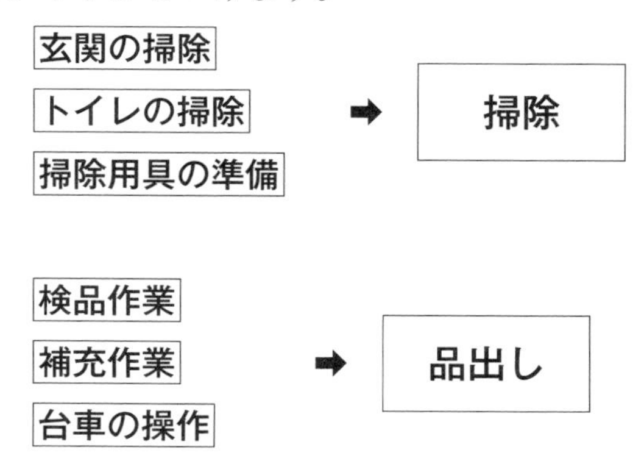

このような洗い出しの仕方は、**帰納的なアプローチ**といえます。現実の細かな一つひとつの作業を洗い出し、共通しているものをまとめるという方法です。

もう1つの方法としては、**演繹的なアプローチ**があります。日常的にしている作業であれば、大まかな業務の固まりが分かります。それに名前をつける、つまり、仮にタイトルをつけて、そこから小さな作業を洗い出していくという進め方です。

		玄関の掃除
掃除	➡	トイレの掃除
		掃除用具の準備

どちらのアプローチで進めてもよいのですが、**重要なのは「目標シート」を踏まえて、作業のヌケやモレがないようにすること**です。

演繹的アプローチ → 帰納的アプローチ → 演繹的アプローチ

この流れで進めることが一番効率的だとは言えるでしょう。

（3）業務フローを作る

大まかな業務の固まりができたら、今度はそれを時系列に並べます。つまり、業務フローを作ることになります。時系列にならない場合は、習得しやすい（簡単なレベル）順、目標シートの「習得ステップ」の順に並べるなどして、業務の流れを整理してまとめます。

1）時系列に並べる

2）習得する順番に並べる

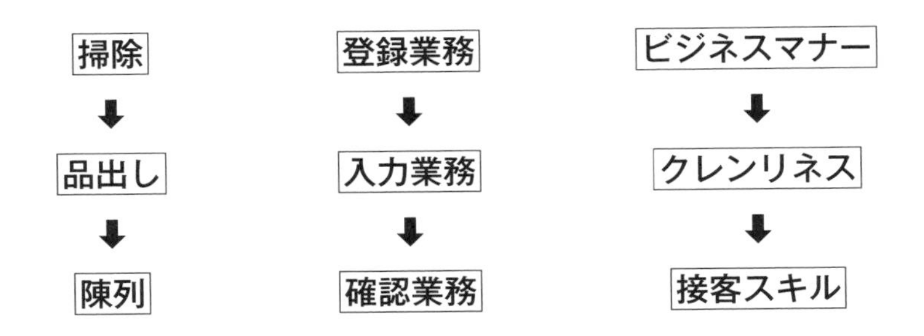

（4）業務内容を細分化する

業務の流れを整理したら、次に一つひとつの業務内容をロジックツリーを使ってさらに細分化していきます。

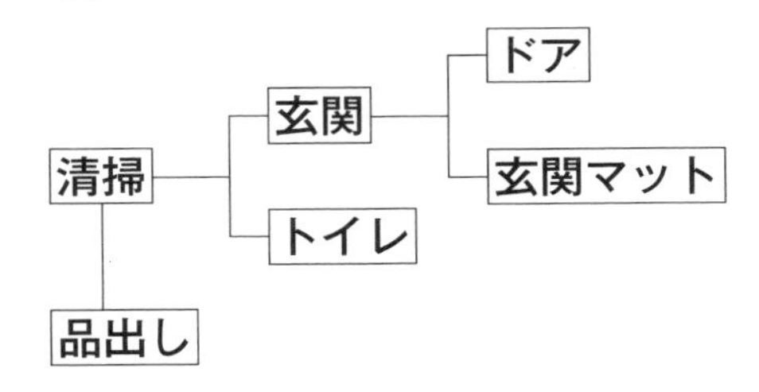

細分化する際には、

- モレやヌケ・ダブリがないか
- 同じ階層で情報のレベルがそろっているか
- 上位層と下位層の因果関係はあるか

などを注意点としてチェックします。たとえば、

売場管理…検品―陳列

※大きな業務の固まりになっている。
もっと細分化する必要がある

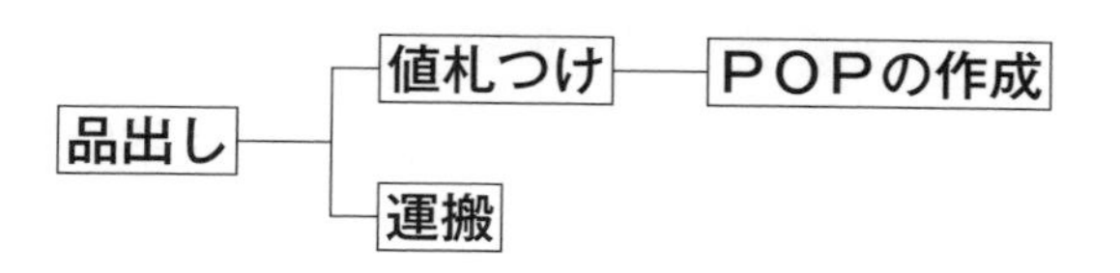

※品出しとＰＯＰの作成は、別の大きな業務に分類できる

業務を洗い出し、整理していくということは、業務を体系的に整理していく作業でもあり、業務の見える化ともいえる作業です。整理していく中で、本来すべき業務なのに割愛されていたり、属人化している業務なども洗い出しておくことが必要です。

《洗い出しの手順》

① 「目標シート」を踏まえて、実際の業務（作業）を書き出す
② 業務（作業）をまとめる
③ 業務フローを作る
④ 業務内容を細分化する

この「洗い出し」の作業は、実際にどんな業務があるのかを見える化することがポイントです。

見える化することで、不足している項目や新しく追加する作業なども浮き彫りになります。「洗い出し」は、マニュアルづくりのはじめの一歩と言えるでしょう。

2 「業務作業分類表」の作成

業務の洗い出しができたら、次に「業務作業分類表」の作成に進みます。

「業務作業分類表」は、先に説明した「目標シート」とともに、業務や作成する**マニュアルの全体像を俯瞰できる一覧表**です。

この表は、**マニュアルづくりの土台ともなる、非常に重要なシート**です。

検討を重ねていく中で、項目が増えたり、項目の入れ替えなども頻繁に起こったりするので、表計算ソフトで作成すると良いでしょう。

図20　業務作業分類表

業務作業分類表

作成日：　　年　　月　　日

所属：　　　　　　氏名：

テーマ			
マニュアル名		範囲・条件	
目　標		習得期限	

大項目	中項目	小項目	通し番号	担当者名	備考

マニュアルづくりは、この表に従って作成していくことになるので、この表の精度いかんによっては作成が迷走する、作成がストップするといった事態も起こります。この表の精度が、まさに**マニュアルの精度を左右する**ことにもなります。

以前マニュアル作成をお手伝いした会社では、項目の半分ほどを作成したところで、「何かおかしい、この構成で良いのか」といった疑問が出て、再度この表を全面的に見直しました。

《「業務作業分類表」づくりのステップ》

① テーマ、マニュアル名などを記入する
② 洗い出した業務（作業）を、大・中・小項目で整理する
③ 習得する順番（時系列、優先度）に、大・中・小項目を並べ替える
④ 業務の基本（概要、心構え、用語など）を項目として追加する
⑤ 中項目ごとに、小項目の頭に番号を記入する
⑥ 通し番号と担当者名を記入する

① テーマ、マニュアル名などを記入する

「目標シート」をもとに、テーマ、マニュアル名、目標、範囲・条件、習得期限をまず記入します。

今後の作業において、常にこれらを意識して、表（項目）を検証していくことが必要になります。

時に、方向違いの項目や目標以上に難易度が高い項目が追加される、あるいは項目の選定に悩むことが起こります。

そうしたときには、これらを再確認して、**その項目は適切なのかを判断しながら進める**ことが大切です。

次に、**作成日の記入**です。この表を作成し始めた日から、実際にマニュアルの作成中に至るまで、何度もこの表は修正することになります。**作成日はその都度必ず記入**し、更新ごとにデータが混乱しないように十分注意して扱います。表計算ソフトを利用する場合、

更新するたびにシートを増やしていくようにすると良いでしょう。

② 洗い出した業務（作業）を、大・中・小項目で整理する

業務の洗い出し、細分化したものを、大・中・小項目に落とし込んでいきます。

図21 大・中・小項目の記入例

大 項 目	中 項 目	小 項 目
掃 除	玄関	・ドア ・玄関マット
	トイレ	・便器 ・床 ・消耗品の補充

この大・中・小項目の内容は、前述したようにマニュアルを作成していく中で、入れ替えるなどの変更が出てきます。ロジックツリー作成の注意点で説明したように、一覧表として俯瞰して見れば、モレ・ヌケ・ダブリや情報レベルのバラつきなどが見えてくるときもあります。

たとえば、「掃除」は常に大項目ではなく、内容が少ないようであれば、中項目になることもあります。

逆に、「玄関」という中項目の量が多いようであれば、大項目に格上げすることもあります。また、Ａという項目とＢという項目は、一緒に説明したほうが分かりやすければ、２つを１つにすることも

起こります。

こうした入れ替わりなどは、内容を掘り下げ、俯瞰して見ることで気づくことが多いものです。

③　習得する順番（時系列、優先度）に、大・中・小項目を並べ替える

「目標シート」と照らし合わせ、業務の全体を俯瞰して、業務の優先度を検討したり、習得する順番を並び替えたり、追加・削除を繰り返しながら、「業務作業分類表」を変更していきます。

ところで、項目を検討していると、
「これは覚えてもらわなければ困る」
「これは絶対に必要な項目だ」
などと、あれもこれもと盛り込みたくなります。

しかし、マニュアルを作成する側と受ける側とでは、当たり前ですが、その業務の理解度は違います。

作成する側の必要条件と受ける側の十分条件、つまり、**必要十分条件で内容や習得期限を検討する**ことが重要になります。

マニュアルの基本要件のひとつである「２つの視点」、お客様の視点と対象者の視点（初心者や新人などでその作業をする人）を踏まえて、内容を検討しなければなりません。

自分が新人のときを思い出しながら、考えることが大切ですね。

●マニュアルに盛り込む内容は、「目標シート」を踏まえて、必要十分条件で検討する

①業務の習得必要性（優先順位）

- 習得期限内に習得する必要があるのか
- 習得するタイミングは、どの時期がよいのか

②業務の習得可能性

- 習得期限内に習得できるのか
- 難易度は高すぎないか

③習得業務（項目）の量

- 絶対量として多すぎないか

こうした視点で検討することで、大・中・小項目やその順番などが大きく変わることもあります。

しかし、対象者の習得度合いを向上させ、成果が上がるマニュアルを作る上で、これは重要な作業だと言えるでしょう。

「業務作業分類表」の作成で、よくある問題例を紹介します。

図22　大・中・小の区分けが問題

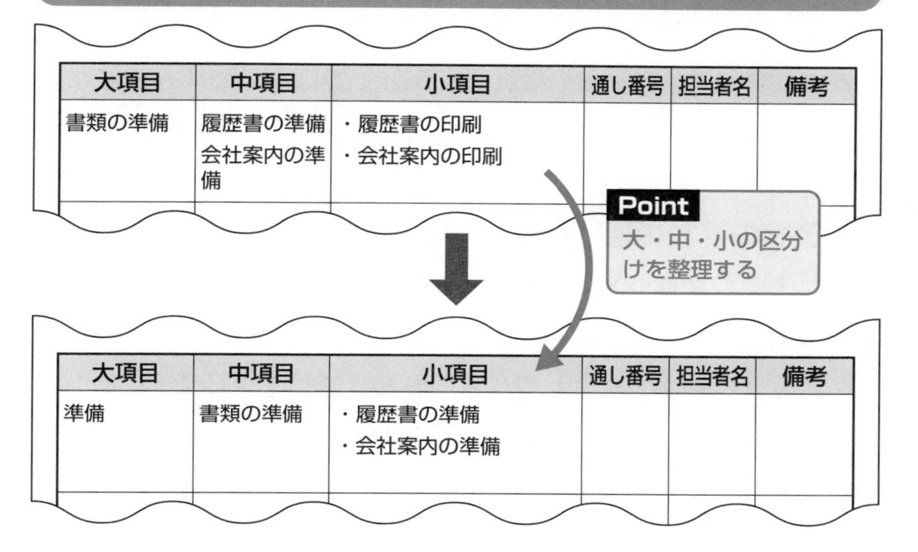

図23　「小」項目が大きすぎる

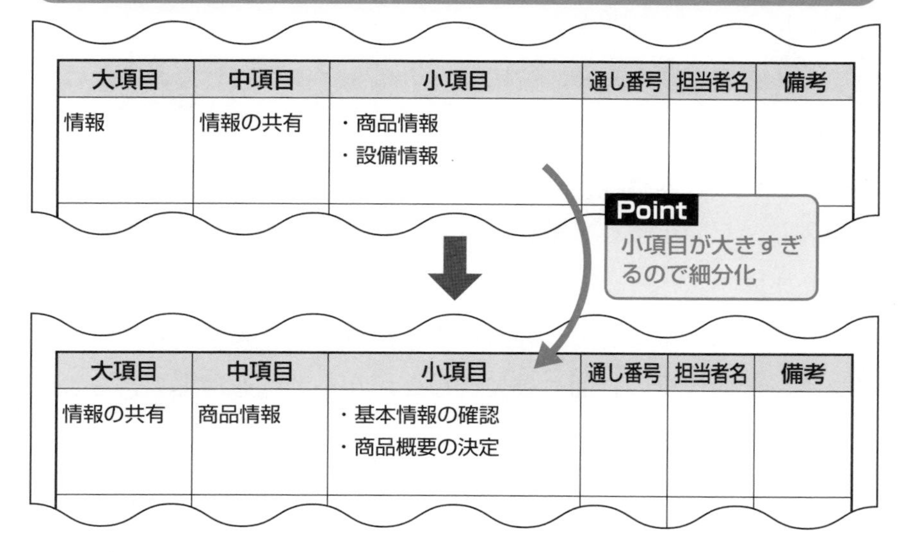

大・中・小の整理ができていない、項目が大きすぎるなど、図で紹介した問題は、業務の洗い出しや細分化をしっかり実行していれ

ば解決できることばかりです。
「マニュアルの原稿を早く書き出したい」という気持ちも分かりますが、ここは焦らずに、「急がば回れ！」ではないですが、まずは「洗い出しの手順」通りに確実に進めることが何よりも重要です。

④ 業務の基本（概要、心構え、用語など）を項目として追加する

ここまでのプロセスで、具体的な作業はおおむねリストアップされたはずです。

しかし、マニュアルとしては、それだけでは不十分です。業務の初心者にとっては、作業の羅列だけでは分からないことがあります。

たとえば、その作業をするうえでの心構えなどです。

つまり、業務や作業を洗い出した後、その作業の重要性、担当する上での心構え、その作業が業務全体のどの部分に位置するのかなどを補足していく必要があります。

また、必要な基本知識、特に基本用語などは説明しておいたほうが、その後の作業が習得しやすくなります。

具体的には、大項目ごとに、中項目に「○○（業務名）の基本」と記入し、その小項目に業務の概要、心得、基本用語などの項目を追加します。

これらが加わることで、いわゆる「機械的な作業マニュアル」ではなく、その作業の目的や重要性などが初心者にも理解できるようになります。

図24 「○○業務の基本」例

大項目	中項目	小項目	通し番号	担当者名	備考
清掃	清掃の基本	・清掃業務とは ・清掃業務の心得 ・清掃用語 ・清掃業務のフロー			

また、1つの大項目で、中項目の数が多く（5項目超）なった場合には、その業務（大項目の業務）全体が一目で分かるように、小項目に**業務フロー**という項目を追加します。

⑤ 中項目ごとに、小項目の頭に番号を記入する

次に、中項目ごとに、小項目の頭に番号をつけます。

番号は、①から始めますが、10個を超えた場合には、新しく中項目を立てたほうがよいかどうかを検討します。また、この番号は、小項目の習得順の確認などにも使います。

図25 「小項目の番号」の記入例

大項目	中項目	小項目	通し番号	担当者名	備考
清掃	清掃の基本	① 清掃業務とは ② 清掃業務の心得 ③ 清掃用語 ④ 清掃業務のフロー			
	玄関	① ドア ② 玄関マット			

Point
中項目ごとに小項目に番号を振る

実際のマニュアル原稿は、この小項目ごとに作成していきます。

その意味でも、非常に重要な番号だと言えます。

⑥　通し番号と担当者名を記入する

「業務作業分類表」の大・中・小項目が固まったところで、通し番号と担当者名を記入します。

通し番号は、

- **全体のボリュームを把握する……習得期限内での習得の可否の検討**
- **実際の原稿の「作業名」に記入して、「業務作業分類表」との連動を図り、間違いがないか、モレがないかなどを確認する**
- **原稿の中で使用する写真や図表などを指定する際には、この通し番号に枝番をつけて使う**

など、非常に重要な番号です。

通し番号は、**大項目の順番に沿って、小項目の一つひとつに振ります。**この小項目の通し番号が、**マニュアルの最小単位**になります。

図26　通し番号の記入例

大項目	中項目	小項目	通し番号	担当者名	備考
清掃	清掃の基本	① 清掃業務とは ② 清掃業務の心得 ③ 清掃用語 ④ 清掃業務のフロー	001 002 003 004		
	玄関	① ドア ② 玄関マット	005 006		
	トイレ	① 床 ② 便器 ③ 消耗品の補充	007 008 009		

図27　通し番号の振り方

小項目の通し番号の振り方

大項目		小項目	001～099
大項目		小項目	100～199
大項目		小項目	200～299

各項目の番号の振り方

大項目1	中項目1	①小項目	001
		②小項目	002
		③小項目	003
	中項目2	①小項目	004
		②小項目	005
	中項目3	①小項目	006
		②小項目	007
		③小項目	008
		………	…099まで
大項目2	中項目1	①小項目	100
		②小項目	101
		③小項目	102
	中項目2	①小項目	103
		………	…199まで

この通し番号は、大項目の１に連なる小項目は００１～０９９、

大項目の２に連なる小項目は１００～１９９と決めます。つまり、大項目ごとに百の単位で番号を振っていくことになります。

なお、**一度振った通し番号は、原則として最後まで変えません。**

前述したように、この「業務作業分類表」は、原稿作成中にも何度も修正・変更が入ります。画像などに振った番号をそのたびに修正していては、間違いや混乱が生じてしまいます。

ですから、**小項目が追加された場合には、大項目の最後の番号以降の番号をつけます。**また、**ある小項目をカットする場合にも、その番号を欠番扱い**にして、その旨を備考に記入します。そうすることで追加や欠番が一目で分かります。

図28　通し番号の修正例（追加の場合とカットの場合）

大項目	中項目	小項目	通し番号	担当者名	備考
1. 清掃	1. 清掃の基本	① 清掃業務の基本 ② 清掃業務の心得 ③ 清掃業務のフロー	001 002 003		
	2. 玄関	① ドア ② 玄関マット ③ 玄関窓	004 005 030		
	3. トイレ	① 床 ② 便器 ③ 消耗品の補充	006 007 008		
	．レジ業務の基本	① レジ操作の心得 ② レジ基本用語 ③ レジ操作の流れ	100 101 102		
	2. 現金会計	① 現金 ② レジマイナス ③ 商品交換 ④ 会計	103 104 105 108		※106,107 欠番

Point
追加は小項目の最後の番号以降の番号

Point
欠番（削った項目がある場合）は備考に記入

次に、担当者名ですが、**実際に最初に原稿を作成する人（担当者）の氏名を記入**します。

マニュアルは会社（職場）の仕事の基準ですから、担当者が書いた原稿をそのまま「仕事の基準」にすることはできません。複数の人によるチェックや修正、承認のプロセスを経る必要があります。

つまり、担当者は、原稿を作成するだけではなく、その原稿を複数の人にチェックしてもらい、修正が入ったものをさらにまとめて原稿にしていくという役割も担っています。

原稿を作成する担当者が、その原稿に関する責任者となります。

図29　担当者名の記入例

大項目	中項目	小項目	通し番号	担当者名	備考
1．清掃	1．清掃の基本	① 清掃業務の基本 ② 清掃業務の心得 ③ 清掃業務のフロー	001 002 003	工藤 工藤 工藤	
	2．玄関	① ドア ② 玄関マット ③ 玄関窓	004 005 030	竹内 竹内 竹内	
	3．トイレ	① 床 ② 便器 ③ 消耗品の補充	006 007 008	山田 山田 山田	
2．レジ操作	1．レジ業務の基本	① レジ操作の心得 ② レジ基本用語 ③ レジ操作の流れ	100 101 102	工藤 工藤 工藤	
	2．現金会計	① 現金 ② レジマイナス ③ 商品交換 ④ 会計	103 104 105 108	竹内 竹内 竹内 竹内	

Point
小項目ごとの担当者を決めて記入する

これまで、「業務作業分類表」づくりについて見てきました。

ここで、再度「作成のステップ」をまとめておきましょう。

3 「業務作業分類表」の更新

次に、「業務作業分類表」を更新する際の注意点をあげます。

項目の増減や並び順の変更などがあった場合には、これまで説明してきたルールに従って、その都度、「業務作業分類表」を更新します。

更新は、既存のデータに追加して行います。その際、表計算ソフトを使っている場合は、既存データに上書きするのではなく、「業務作業分類表」のシートをコピー&ペーストして新しいシートを増やし、それに加筆・修正をして更新していきます。そして、新しいシートには、最新の日付を入れます。

最新の日付のシートが、常に最新の「業務作業分類表」になるように、シートを更新していきます。

シートのコピーと更新日の記入は、ともすれば忘れがちになり、それが混乱の元になります。更新時には必ずシートをコピーして更新日を記入しましょう。

《「業務作業分類表」の更新の際の注意点》

- ▶ 上書きして修正せずに、コピーしたシートのほうで修正する
- ▶ 「業務作業分類表」には、必ず作成日（更新日）を記入する
- ▶ 最新の日付のシートが、最新の「業務作業分類表」になるように更新する

4 「業務作業分類表」で確認できること

これまで何度も「業務作業分類表」の重要性については説明してきましたが、「業務作業分類表」で確認できることを、ここで整理しておきましょう。

《業務作業分類表で確認できること》

① 業務・作業の全体像

- 俯瞰して見ることで、ヌケやモレなどに気づくことができる。
- 全体像が見え、マニュアルの完成イメージがはっきりする。
- 業務と作業の区分が明確になり、全体量（項目数）が確認できる。

② 作業の優先順位や習得順

- 「目標シート」との連動により、期待レベルに必要な項目がはっきりする。
- 「目標シート」との連動により、習得項目数や習得期限の適切性が検証できる。

③ 原稿作成作業の担当者

- 原稿責任者が明確になり、チェック・修正の対応がしやすくなる。
- 原稿の図表・添付資料の確認などがスムーズにできる。

④ 作成状況の確認

- 作成の進行状況がはっきり分かる。
- 作成日を確認することによって、最新の作成状況が掴める。

⑤　マニュアルの目次

- 大項目は「章」、中項目は「節」、小項目は「項」になる。
- 目次のタイトルが明確になる。

「業務作業分類表」は、マニュアル作成において必要不可欠です。

何度も修正を繰り返す中で、マニュアルの骨格がしっかりして、マニュアルの全体像をはっきり掴むことができるようになります。

ひいてはマニュアルの精度が高いものになり、マニュアルの完成

図30 「業務作業分類表」の完成形

業務作業分類表

作成日：　　年　　月　　日

所属：　　　　　　　　氏名：

テーマ	清掃業務の標準化		
マニュアル名	清掃マニュアル	範囲・条件	レギュラー店
目　標	店舗の清掃を一人で時間内にできる	習得期限	3カ月以内

大項目	中項目	小項目	通し番号	担当者名	備考
1．清掃	1．清掃の基本	① 清掃業務とは ② 清掃業務の心得 ③ 清掃業務のフロー	001 002 003	工藤 工藤 工藤	
	2．玄関	① ドア ② 玄関マット ③ 玄関窓	004 005 030	竹内 竹内 竹内	
	3．トイレ	① 床 ② 便器 ③ 消耗品の補充	006 007 008	山田 山田 山田	

度が上がります。

何度も繰り返しますが、「急がば回れ！」。まずはこの「業務作業分類表」によって、マニュアルづくりの土台を固めましょう。

第３章のまとめ

《成果が上がるマニュアルの作り方――ステップ１》

▶１　マニュアルには、再現性と具体性が求められる

▶２　４つの要素、２つの視点、１つのフォーマットがマニュアルの骨格になる

▶３　作成・活用・改訂の「仕組み」を導入する

▶４　組織づくりが、マニュアル推進の要になる

▶５　テーマの選定と目標の設定が、ブレない軸を作る

▶６　「業務作業分類表」の精度が、マニュアルの精度を左右する

コラム マニュアルは簡単に作れる、できる？

「ちょっと今のやり方をまとめてくれない？　君が一番仕事を知っているわけだから……」

こんな感じでマニュアルづくりを頼まれるケースが意外に多いようです。確かにベテランであれば知識や経験は持っていますが、「話すのは得意だが、書くのは苦手」という人がいるように、業務に精通している人＝マニュアル作成者、と単純にはいきません。

もちろん、知識や経験をマニュアルにしていくわけですが、それは持っている当事者が直接書くのではなく、取材やインタビューなどで当事者の知識や経験を聞き出す方法もあるわけです。

ところが往々にして、書き手になってしまいます。

「マニュアルって、どう書けばいいんですか？」
「今の仕事を順番に、できれば箇条書きで分かりやすく書いてね。頼んだよ。」
「分かりやすくって……どう書くんだ？」

こんな場面が想像できます。自分が当たり前にやっている毎日の仕事を、他人が読んでも分かるようにまとめるということは、なかなか大変なことです。結局、ズラズラと文章だけの「マニュアル」になったりします。

もちろん、なかにはフローチャートや図などを利用して、精一杯“分かりやすい”ようにまとめる人もいることでしょう。ただ、その“分かりやすさ”が読み手の“分かりやすさ”になっているのかどうかが問題です。

「マニュアル」を書くという作業は、自分の頭の中を整理するうえで、非常に役立つ。それはその通りです。ここで問題にしたいのは、その整理、つまり、「マニュアルは、簡単にできる」という思い込みです。

「ないより、あったほうが良い」

「これをもとに、改良していけばいいから」

などとは確かに言えますが、スタートの時点できちんとした「マニュアル」に対する認識、少なくても「マニュアルにする」作業の大変さは理解しておいてもらわないと、作成する側はたまったものじゃありません。

「何がちょっとだ。こんなにしんどいのに……」と泣きが入ります。

書きっぱなしで終わってしまったり、書いた本人しか分からないものができたりしては、もともこもありませんね。

「マニュアル」は、使う相手のことを意識して作らなければなりません。相手が使いやすい（理解しやすい）ように工夫することが必要になります。その認識がないものは、日記の類であり、まさに自己満足の産物だといえます。

くわしいこと＝良いもの、では決してありません。また、くわしいこと＝具体的なもの、でもないのです。

このあたりのところを錯覚している人が、意外に多いように思います。

「マニュアルは、簡単に作れる」。まずこの思い込みを捨てることが大切です。そう簡単には「マニュアル」は作れない、のです。

第4章

成果が上がるマニュアルの作り方　ステップ2

1　8つの要素とフォーマット

「業務作業分類表」をもとに、ここからは実際に原稿を作成する方法について説明していきましょう。

まず、構成要素の書き方や表記方法などの統一です。これがバラバラだと、見づらい・分かりづらい・見てくれが悪い、といったことになり、マニュアルの完成度が低くなります。しっかり習得することが、原稿作成の第一歩です。

1　8つの構成要素でまとめる

（1）４つの基本要素

前述したように、マニュアルには４つの基本要素が必要です。

①目的	● 何の（誰の）ために、なぜその作業をするのかを明確にする（理由・重要性の明示） ● お客様の視点を必ず入れる
②達成基準	● 目的に基づいて行う、作業（行動）の達成レベル（ゴール、あるべき姿） ● その作業（行動）の合格基準
③生産性基準	● その作業でめざす、必要な時間・回数・頻度などの標準（所要）時間 ● スピード基準
④手順	● その作業を行うためのステップと動作手順・ポイント ● 作業（行動）を分解して整理する

① 目的

目的を明確にすることは非常に重要です。たとえば、マニュアルに「○○作業を10分で終える」と書かれていると、作業者は「10分で終える」ことが目的になり、時間を最優先にしてしまいます。

これがお店であれば、目の前に来たお客様に気づかなかったり、挨拶もおろそかになりがちです。

また、自分がしている作業が、何のためになるのか、全体のどの部分になるのかなどが分からないまま作業することにもなります。すると、マニュアルは**「機械的な作業指示書」**になってしまいます。こうした事態を防ぐためにも、目的を明確に書くことが必要です。

- **「～することで、お客様に○○していただきます」**
- **「お客様に○○するために、～します」**

→お客様の視点を必ず入れる

<作成例>

- 商品の補充作業――「お客様にお買い物を楽しんでいただくために、商品の補充を行います」
- クレームの対応――「的確な対応を迅速に行い、お客様の信頼を取り戻します」

② 達成基準

達成基準は、どこまでやればよいのか、どうなればよいのかを明確にします。ゴールが見えない、アウトプットのイメージが分からないようなものでは、その作業を習得する意欲が減退します。

ＯＫ基準、出来映え基準、合格基準としての達成基準は、非常に重要な基準です。

また、達成できたかどうかの評価をする必要があるので、**できる限り数値化して記述する**ようにします。

- **「～ができます」**
- **「～をしています」**

<作成例>

- 「○○の原因を特定できます」
- 「○○を30㎝の高さに揃えて陳列しています」

達成基準は、マニュアル通りにすれば、誰でも同じようにできる、という基準でなければなりません。つまり、**目的・生産性基準・手順を踏まえて実施すれば、必ずできることが条件**です。検討するときは、**「～ができます（か）」のように、末尾に「～か」を入れて考える**と、評価ができるか分かるので、作成しやすくなります。

③　生産性基準

生産性基準は、作業にかかる何分、何回などを明確にすることで、**作業の生産性や効率を高める**ことができます。作業を行ううえで、標準時間や所要時間という**目標としてのこの数値は非常に重要**です。

- **作業開始から終了まで10分かかる場合**
  「10分」または「10分（1件）」
- **2枚を10分で終了する場合**
  「2枚ごとに、10分」または「5分（1枚）」

生産性基準は、たとえば「企画書の作成」といったクリエイティブな作業の場合でも、できる限り数値化して明記するようにします。**これまで曖昧だった作業や時間の制約がなかった作業などに、この生産性基準を持ち込むことによって、ムダ・ムラ・ムリをなくすことができるようになります。**

前述した「人によってバラバラ」という問題は、そのやり方を統一することはもちろんですが、その作業にかかる時間を明確にすることによって、より手順の統一を進めることができます。

筆者の経験でも、小さな会社ほど、この生産性基準がない、時間が規定されていない作業が驚くほど多いです。担当者任せになっていては、なかなか明確にできないことですが、この機会にぜひ取り組んでほしいと思います。

④　手順

手順は、その作業（行動）を行う「ステップ（流れ）」と「動作手順・ポイント」の２つで構成されます。

この２つで、その作業（行動）のすべてを明確にします。

<ステップ>

その作業の動作イメージがつかみやすいように、

「動詞（～する）」

で記述します。

ステップ全体を見れば、その作業の全体の流れが分かる。つまり、どのような流れで作業をすればよいかが一目で分かるように記述する必要があります。このステップは、その**作業の柱（背骨）**になるので、非常に重要です。

作成する上では、

- **作業名・目的をもとに、作業の流れやイメージをふくらませる**
- **まず作業のフローを作成し、そこからステップに落とし込む**
- **一つのステップごとにケイ線を入れ、ほかのステップと区別する**
- **各ステップの情報の質・レベルの整合性をチェックする**

などに注意して作成していくことが必要です。

ステップ	手順・ポイント
1　ログインする	…
2　○○情報を入力する	…
3　○○に保存する	…

また、作成していると、ステップの数が多くなりすぎて、マニュアルが複数枚になってしまうことがあります。その場合は、作業（項目）を２つに分けるなどの検討をします。作業を分けた場合には、それぞれにサブタイトルをつけます。

たとえば、「玄関の清掃」という作業を、

- 「玄関の清掃――掃き掃除（編）」
- 「玄関の清掃――拭き掃除（編）」

と記述します。これは、**１つの作業（項目）に情報を詰め込みすぎない**、ということです。

１つの作業（項目）に情報量が多いと、理解しづらいマニュアルになるからです。

目安としては、７ステップ以上、枚数が５枚以上になるようであれば、要チェック、ということになります。

ステップ数が多い場合の対応としては、その作業の最初に**「ステップフロー」**を載せるという方法もあります。

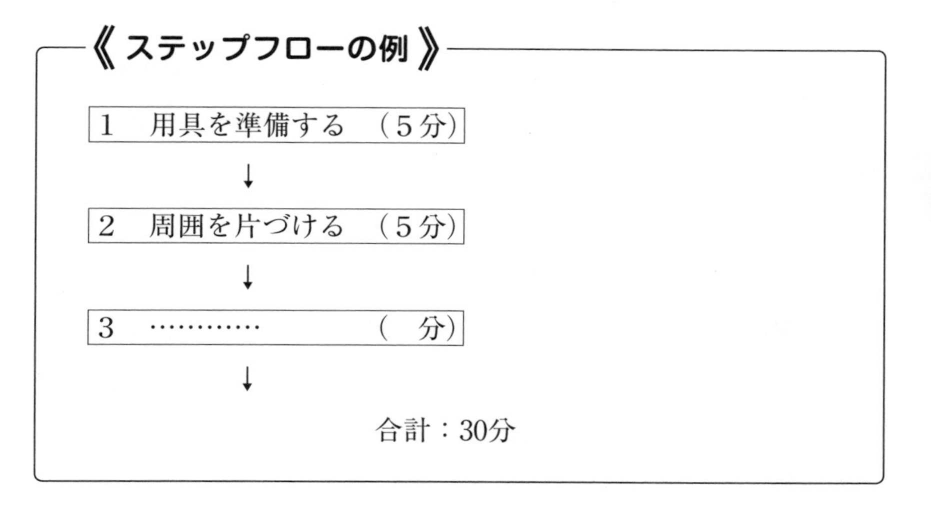

ステップフローには、全ステップとそれぞれの標準時間を記述するようにします。こうすることで、ステップ数が多く（枚数が多い）ても、これを見れば作業全体の流れ・項目が一目で分かるようになります。

＜手順・ポイント＞

手順・ポイントには、実際に行う作業や行動の手順、ポイントなどを記述します。いわば、マニュアルの“本文”にあたります。

ここで注意しなければならないことは、「これぐらいは分かるだろう」という作成する側の**当たり前を疑う**ことです。ここを具体的に書き込むことが、マニュアルの精度を左右すると言っても過言ではありません。

手順・ポイントは、

「～をします」

という表現で記述します。

ここでは、**作業（行動）を細かく分解**して、「何を・どのように」ということを分かりやすく順を追って記述していきます。繰り返しますが、このことを常に意識しておかないと、非常に抽象的な文章、作成した本人しか分からない手順になってしまうので、注意してください。

作成上の注意点は以下の通りです。

- **文章の頭に、①、②……と番号をつける（さらに下位になる場合は、1）、2）……）**
- **必要なセリフや図表、写真、イラストなどを入れる**
- **注意点、禁止事項などもここに載せる**

なお、**行動や動作とセリフは、分けて記述します。**

① お客様がいらしたら、笑顔で「いらっしゃいませ」とあいさつします。

→ ① **お客様がいらしたら、笑顔であいさつします。**
「いらっしゃいませ」

また、この手順の番号、①、②……は、1ステップに3つ、多くても5個程度を目安に整理します。

1ステップの中に手順があまり多くては、理解しづらいマニュアルになってしまうからです。

番号が多い場合には、

- ステップを分ける
- 情報をレベル別にまとめる➡情報整理を工夫する

<○○の場合>	<○○の種類>
1）…	●…
2）…	●…

- 新しい「作業項目」を作る➡これは、ステップ数が多い場合の対応と同じ

といったことを検討します。

図31 「手順」作成のサンプル

ステップ		手順・ポイント
1	【1】 納品された商品を確認する	①納品された商品と、専用端末（タブレット）を用意します。 ②商品名、数量、サイズが一致しているか、専用端末（タブレット）のデスクトップにある「発注一覧」で確認します。 ⇒金額に間違いがないか、併せて確認します。 ③一致していないものがある場合は、その旨を上司に報告します。 ⇒「何が」「どのように」一致していないのか、簡潔に伝えます。 ④すべて一致していたら、タブレット画面の【受領】を押します。
2	【2】 商品を収納する	①一致していた商品は、製造年月日と賞味期限を確認します。 ②商品を、各店の決められた場所に収納します。 ⇒商品は、先入れ先出しを徹底します。
3	【3】 上司に報告する	①確認と納品が完了したら、上司に報告します。 「納品チェックと収納、完了いたしました」

いずれにしても、手順の記述は、何人もの人が関わったり、具体化に時間がかかったり、と変更が多くなる作業です。原稿のフォーマットに落とし込む前に、一度作業手順だけの検討をしておくと、効率的に作業を進めることができます。

以下の**「手順」整理表**は、頭の中を整理したり、メモ代わりに使うこともできるものです。

図32 「手順」整理表

「手順」整理表

作業名	

担当者：

ステップ		手　順		ポイント(コツ・注意点など)
1		①		
		②		
		③		
		④		
		⑤		
2		①		
		②		
		③		
		④		
		⑤		

Point
この表で一度整理してから、原稿に落とし込む（メモ的な使い方）

（2） 4つの必要要素

4つの基本要素にプラスして、さらに4つの必要要素があります。

⑤　用具（準備物）	●その作業を行うときに、必要な道具、資料など
⑥　発生（実施）時期	●その作業（行動）を実施する時期やタイミング
⑦　全体の注意点	●その作業（行動）で必要な心構え、留意点、ポイントなど
⑧　その他	●「手順・ポイント」で必要な図表、イラストなど

（①〜④は基本要素です）

⑤　用具（準備物）

用具（準備物）は、文字通りその作業（行動）をする際に、必要とする道具や資料です。

ただし、ここには当たり前のもの（筆記用具、消しゴムなど）は記述しません。また、**ここに記述したものは、本文で必ず取り扱うことが基本です。**

実際に作成されたマニュアルを見ていると、「手順・ポイント」の中に、用具で書かれていた資料がなかったり、逆に「手順・ポイント」で使われている用具がここに記述されていなかったりする、といったケースが多々見受けられます。「手順・ポイント」をしっかり確認して、ヌケ・モレがないように注意しましょう。

また、**記述する際は、呼称や短縮したものではなく、正式な名称で記入する**ことが必要です。

たとえば、

採・面シート　→　採用・面接チェックシート

言葉として長い場合には、

「採用・面接チェックシート」（以下、採・面シート）

と断って、本文で使用するようにします。

会社にはさまざまな帳票類や各種シート類などがあります。この呼称を統一しておかないと混乱が生ずる恐れがあります。

以前、マニュアル作成のメンバーが「チェックシート」と呼んでいたものが、ある人は「売上チェックシート」であり、ある人は「利益チェックシート」、またある人は「活動チェックシート」など、バラバラな呼称を使っていたことがあります。**呼称の統一は、内容を踏まえて明確にし、それを全体で共有しておく**ことが重要です。

⑥ 発生（実施）時期

発生（実施）時期は、この作業（行動）がいつ発生するのか、いつ実施すればよいのかなど、その時期やタイミングを明確にするものです。

たとえば、

「開店中」「毎月10日の15時」「納品時」

などと書きます。また、

不定期に発生するものなどは、「随時」「その都度」

と記述します。

この発生（実施）時期は、**複雑に入り組んだ業務（作業）を時系列で整理するとき**に役立ちます。また、**重複する作業の整理や作業を集約する際**にも活用できます。生産性基準と同じく、**業務（作業）の生産性を高めるうえでの有効なチェック基準**にもなります。

⑦ 全体の注意点・ポイント

ここには、一連の作業（行動）で大切な心構え、留意点、全体的なポイントなどを記述します。全体の注意点・ポイントは、

「～します（～です）。」

と書きます。

作成上の注意点としては、次のとおりです。

- **本文（手順・ポイント）で扱えるものは、入れない**
- **短く簡潔にまとめる**
- **あまり量を多くしない**

《全体の注意点・ポイント（例）》

- 誤字・脱字に留意し、正しい日本語で入力します。
- 一つひとつの情報を、モレなく間違いなく登録します。
- 個人情報の取扱いには十分注意し、外部の人に見せる・口外することは、厳禁です。

⑧ その他

「手順・ポイント」の記述で使用する、**写真、図表、帳票類、ＰＣの画面、イラストなど**のことです。

具体的な動作や位置、シートの記入箇所、間違いやすい資料などを示すときに使うと効果的です。使用する場合は、本文のセンターか右寄せに載せます。そのほうが見やすいからです。

ただし、注意しなければいけないのは、**安易に使用・多用しない**ことです。**再現性を高め、内容をより正しく理解してもらうために、**

効果を考えて入れることが大切です。

よく「写真だらけのマニュアル」を見ますが、写真や図表類は、期待するほど雄弁ではありません。

内容やポイントなどをよく検討してから、写真や図表類を活用することが必要です。

その意味で、**最初は文字だけで原稿を作成し、理解できるかを検討してから、最後に写真や図表類を使用するようにしましょう。**

これまで紹介してきた、８つの構成要素（４つの基本要素＋４つの必要要素）が原稿作成の核になります。

原稿を何枚か書いているうちに、自然にこの書き方を身につけることができます。

この統一された表記方法で作成したマニュアルは、「活用・作成・改訂」のサイクルを回すうえでも非常に重要になってきます。

2　注意したい作成例

(1)「基本要素」の注意したい作成例

基本要素を記述するうえで、よくある間違い例・注意したい例を次に紹介します。

＜目的＞

①　「何のために、なぜ」が不足する

例）○○を作成します。

⇒　△△のために○○を作成します。

例）○○に知らせます。

⇒　△△になるので○○に知らせます。

②　何行にもわたる長い記述になってしまう

例）お客様には、品質チェックをしっかり行い、梱包や包装に至るまで、十分に検討してお届けすることが大切です。

⇒　お客様に安全で安心していただけるように、商品をお届けします。

③　内容が抽象的で、具体的な作業（行動）が分かりにくい

例）お客様に満足していただきます。

⇒　お客様に満足していただくために、品出しを開店５分前に完了します。

④　複数の作業（行動）が入り、「何のために（目的）」が分かりにくい

例）早番・遅番のシフトを作り、スタッフの要望を入れて調整し、シフト表を作成します。

⇒　お客様をお待たせすることがないように、スタッフのシフト表（早番・遅番）を作成します。

⑤　目的と達成基準を間違えている

例）受講者に渡す書類を確実に準備できます。

⇒　不足しないように、翌日のセミナーで使用する書類を準備します。

⑥　主語が明確になっておらず、述語が不正確

例）販売員にふさわしい身だしなみを身につけます。

⇒　（店長は）販売員にふさわしい身だしなみを身につけさせます。

<達成基準>

① 表現が作業になっている

例）○○を作成します。

⇒ ○○を作成することができます。

② 「……こと」は、不要

例）参加者に配付すること。

⇒ 参加者に配付しています。

③ 否定形は使わない（～できます、～しています）

例）現金の過不足がない。

⇒ 過不足なく現金処理ができます。

例）作業の遅れがない。

⇒ 作業の遅れがないように、配付しています。

④ できる限り数値化する

例）箱を目の高さに積むことができます。

⇒ 箱を約1.5mの高さに積むことができます。

⑤ 文章が長すぎる

例）応募者＝お客様ということを意識し、会社の評判を下げないように面接することができます。

⇒ 決められた手順に従って、面接ができます。

<ステップ>

① 名詞で終わらせず、行動・動作で表現する

例）○○の確認

⇒ ○○を確認する（させる）

② 何行にもわたる長い記述は、まとめてシンプルに表現する

例）請求伝票を見ながら、請求金額を間違わないように慎重

に入力する

⇒　請求金額を入力する

③　複数の作業がある記述は、ステップ１つに、１つの作業にする

例）発注書を作成し、業者別に発注する

⇒　ステップ１　発注書を作成する

ステップ２　業者別に発注する

④　行動や動作が分かりやすいように、シンプルに表現する

例）原稿を修正するための準備をする

⇒　原稿を確認する（チェックする）

例）スケジュールを会社と共有する

⇒　スケジュールを会社にメールする（連絡する）

⑤　作業の最後までをステップにする

例）ステップ５　印刷する　……これで終了？

⇒　ステップ５　印刷する

ステップ６　保管（保存）する

⑥　ステップ１つだけの作業は、ステップにしない

例）ステップ１　日程を登録する　……１つのステップで、手順が続く

⇒【日程を登録する場合】

①○○○　　……手順を記述する

⑦　ステップ１つの作業が多い場合、ステップを分解する

例）ステップ１　説明会を準備する　……手順が延々と続く

⇒　ステップ１　会場を手配する

ステップ２　参加者を確認する

ステップ３　資料を準備する

：

<手順・ポイント>

① 行動(動作)とセリフを混在して記述しない

例）参加者が会場に来たら、「おはようございます！」と元気よく迎えます。

⇒ 参加者が会場に来たら、元気よく迎えます。
「おはようございます！」

② 作業(行動)を分解して、「どのように」を明確にする

例）○○を確認します。

⇒ ○○を□□と△△で確認します。
確認方法が多い場合は、

⇒ ○○を確認します。
<確認方法>
1）○○
2）□□
3）△△

③ 「誰が」「どこに」「何を」が抜ける

例）必要な備品を準備します。

⇒ その日の当番が、必要な備品を準備します。

例）備品一式を持って、行きます。

⇒ 備品一式を持って、３階の管理室に行きます。

例）会議を始める前に、確認します。

⇒ 会議を始める前に、全員のシフト表を確認します。

④ 内容と写真や図表などが違う

例）上司、システムと物流の担当者のサインをもらいます。

⇒ サイン欄が、２つしかない ……×

例）３日以内に、商品を納品します。

⇒　画像は、5日後になっている　……×

⑤　**作業（行動）の手順に、ヌケ・モレがある**

①　スケジュールを入力します。

②　上司の承認をもらいます。

⇒　①スケジュールを入力します。

②間違いがないか、原稿と照合します。

③一部印刷します。

④上司の承認をもらいます。

ここで紹介した例は、筆者がお手伝いしている会社のマニュアルづくりでよくあるものです。

「ついつい」「何気なく」などのうっかりミスもありますが、「いつもやっていること」、つまり、「自分の当たり前」で書いてしまうことから生じるものばかりです。

作成に当たっては、「自分の当たり前の手順」を常に疑うということが、非常に重要です。

作業（行動）を分解して考えることは新しい気づきにもつながり、それが改善へと結びつくことが多いものです。

3　基本フォーマットで統一する

（1）フォーマットの重要性

さまざまな内容をマニュアル化するためには、**統一したフォーマット**が必要です。

フォーマットが決まっていないと、

- **作成するのに非常に時間がかかる**
- **ページごとにレイアウトなどを考えなければならない**

- 情報の整理方法も人によってバラバラになる
- 盛り込む情報のヌケ・モレが起きやすい
- 見た目の分かりやすさ、理解のしやすさが人によって違う
- 完成したマニュアルの統一性が出ない
- 活用段階での教え方にバラツキが生ずる

などいろいろな不都合が出てきます。

では、実際にフォーマットが明確な場合とそうでない場合の違いを見てみましょう。

図33は、文章だけのマニュアルとステップや手順・ポイントに分けて整理したマニュアルとの違いです。一目瞭然だと思いますが、フォーマットが決まっていれば、対応する流れやステップごとにどのようにしたら良いのかが、明確になります。見やすさ・分かりやすさが違います。

図33　クレームの対応

クレームが発生した場合は、まず、ご迷惑をおかけしたことをお詫びします。次に、お客様のご不満の理由を伺います。途中で口をはさんだり、言い訳したりして、お客様の気持ちを不快にしないよう注意します。内容によって、自分で対応できることであれば、自分で対応します。最後にあらためてお詫びします。対応後、上司に報告します。

	ステップ	手順・ポイント
1	まず、お詫びする	①ご迷惑をおかけしたことに対して、まず心からお詫びします。 「申し訳ございません」 「ご迷惑をおかけしました」
2	お客様の言い分を伺う	①ご不満の理由を伺います。 「どのようなことなのか、お話いただけないでしょうか？」 ②正確かつ迅速に、クレームの内容を把握します。 （注）途中で口をはさんだり、言い訳したりして、お客様の気持ちを不快にさせないようにします。 ③最後まで誠意をもって、お客様のお話をお聞きします。
3	対応する	①クレームの内容によって、自分で対応できることであれば、自分で対応します。 ②自分で対応できそうもない場合は、速やかに責任者（上司）に引き継ぎます。 「ただ今、責任者がまいりますので、少々お待ちいただけますか？」
4	あらためてお詫びする	①あらためてお詫びをします。 「申し訳ございませんでした」 「今後このようなことのないよう、十分注意いたします」 ②最後に感謝の言葉を述べます。 「貴重なご意見、ありがとうございました」
5	上司に報告する	①対応後、上司にクレームの内容について、正確に報告します。

もう一つ例を見てみましょう。

図34のⒶとⒷは同じ内容を記述したものですが、フォーマットを明確にすることによって、見やすさ・分かりやすさが格段に向上します。また、行動や動作も具体的に整理して記述できます。

さらに、Ⓐの例では、教え方も人によってバラバラになりますが、Ⓑでは教え方のパターン化ができるのも、一つの特徴です。

①、②……の順番で教えていくことで、教え方のバラツキも防ぐことができるのです。

フォーマットによって、教え方のパターン化もできる。フォーマットを明確にすることは、作成のみならず、活用段階でも、非常に重要だといえます。

ただし、どんなフォーマットでも良いわけではありません。良いフォーマットとは何かについて、次に考えてみましょう。

図34 「電話の応対」

電話応対

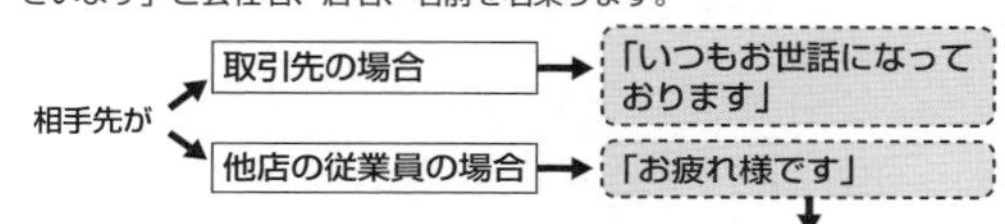

《呼び出しベルが鳴ったら》

①「はい、ありがとうございます。△△△（会社名）○○○店、□□□でございます」と会社名、店名、名前を名乗ります。

相手先が
- 取引先の場合 → 「いつもお世話になっております」
- 他店の従業員の場合 → 「お疲れ様です」

を最初につけ、話し始めます。

②用件を伺います。用件を聞いた後、復唱確認します。「それでは、○○ということでよろしいでしょうか？」

③話が終了したら、「ありがとうございます。よろしくお願い致します」「ありがとうございます。お待ちしております」と最後の挨拶を必ず言い、電話を切ります。

明るく、丁寧に、感じ良く応対します。

業務名	接客応対

電話応対

【目的】
感じの良い応対で、お客様に好印象を与えます。

【達成基準】
明るく、丁寧に、感じ良く応対ができます。

②③

	ステップ	手順・ポイント
1	電話をとる	① 明るく、元気に電話をとります。 「はい、ありがとうございます。△△△(会社名)○○○店、□□□でございます」と会社名、店名、名前を名乗ります。 …………(略)…………
2	相手を確認する	① 相手を確認します。 「恐れ入りますが、お名前をお聞かせ願えますか？」 【取引先の場合】 「いつもお世話になっております」 …………(略)…………
3	用件を伺う	① 用件をお伺いします。 ② 復唱確認します。 「それでは、○○ということでよろしいでしょうか？」 …………(略)…………
4	挨拶をする	① 終わりの挨拶をします。 「ありがとうございます。よろしくお願い致します」または、「ありがとうございます。お待ちしております」と必ず挨拶をします。 ② 電話を切ります。 …………(略)…………

（2）効果的なフォーマットの条件

効果的なフォーマットの条件は、**作りやすい、使いやすい、見直しがしやすい**の３つです。それぞれ説明します。

①　作りやすい

作成するときに悩みやすいのは、何を・どこに・どのように、書けばよいのか、ということです。

そのために、内容に合わせていろいろレイアウトを検討します。その結果、ページごとの内容の過不足やバラツキが生じたりします。

どこに何を書けばよいかが分かるということは必須です。

②　使いやすい

使いやすさを考えるうえで重要なことは、**習得しやすい・教えやすい**ということがまず挙げられます。そのためには、**どこに何が書いてあるのか一目で分かる、その作業の全体像や流れ・動き方などが具体的に把握でき、作業（行動）が起こしやすい**点が重要になります。

その作業（行動）にとっての必要事項がモレなく、まさに網羅されているということです。

そして、**それらが決まった位置（場所）に書かれていれば、非常に使いやすいマニュアルになる**ということです。

③　見直しがしやすい

これまで繰り返し述べてきたように、マニュアルは作成・活用・改訂のサイクルを回すことで、成果が上がります。**マニュアルは100％の完成形はない**、つまり、**決められた基準を実践の中でさ**

らに改良・改善していかなければなりません。

その**見直し・検証は、マニュアルにとっての必須事項**です。

そのためには、**どこを見直せば良いかが分かる**ことが重要です。改善すべきことは、その作業の流れなのか、手順なのか、それとも作業時間なのか。

こうした要望に素早く対応できることが、マニュアルには求められます。

フォーマットの役割は、単にマニュアルの完成度を上げるということだけではなく、**仕事を教えやすく学びやすい、評価をしやすくする**といったことにもつながります。見た目がきれい、カラフルなデザイン、などといったことはそれほど重要ではないのです。

（3）フォーマットの統一

第1章でも説明したように、マニュアルの基本要件である、4つの要素と2つの視点、1つのフォーマットは、マニュアルの骨格をなすものです。マニュアルはすべて同じフォーマットに統一して作成することが基本です。

1 4つの要素

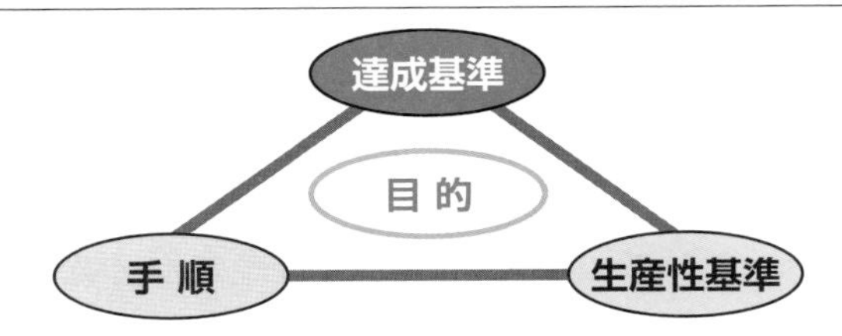

2 2つの視点

① **お客様**（いわゆるお客様以外に、後工程、他部門、工場、取引先などを含む）

② **対象者**（新人、はじめてその作業をする人）

3 1つのフォーマット（会社に1つのフォーマット）

作りやすい・使いやすい・見直しがしやすい

これらの要件をすべて満たしものが、ダウンロードできるオリジナルのフォーマットです。

第3章で作成した「目標シート」を踏まえ、「業務作業分類表」で小項目にあげた作業の一つひとつをこのフォーマットでマニュアルにしていきます。

図35　マニュアルの基本フォーマット

業務名	作業名	発生時期
中項目	001　小項目	

		標準時間
目　的	目　的	生産性基準
達成基準	達成基準	
用　具		

《全体の注意点・ポイント》

ステップ		手順・ポイント
1		手　順
2		
3		
4		
5		
6		

フォーマット全体に関わること
- 2つの視点（お客様・対象者）
- 1つのフォーマット
（作りやすい・使いやすい・見直しがしやすい）

2 成果が上がる原稿の作成

８つの構成要素の書き方や表記方法を理解したら、次は実際に原稿を作成していくことになります。

原稿作成段階では、これまでに作った「テーマ選定シート」や「目標シート」「業務作業分類表」などを確認して作業を進めます。しっかり確認しないで進めると、後から修正が多くなり、結局ムダな作業が増えることになります。

1　フォーマットへの落とし込み――原稿の作成――

（1）落とし込みのポイント

フォーマットへ落とし込むうえでのポイントを整理しておきましょう。

《フォーマットへ落とし込むポイント》

① ８つの構成要素の表記方法を守る
② 作業（行動）を分解してまとめる
③ お客様と対象者の視点を意識する
④ 設定した範囲・条件を守る
⑤ 必要に応じて、写真、図表などを効果的に使う

特に注意したいのは、設定した「範囲・条件」を守る、ということです。原稿を書き続けていると、ついこの「範囲・条件」を忘れてしまいがちです。

ある会社のマニュアルを作成した際、「宝石の販売」という条件を設定したにもかかわらず、服飾雑貨などの販売方法になっていたことがありました。また、「宝石」ではなく、「服飾」の写真になっていたことがありました。

書き始める前に、この「範囲・条件」をきちんと確認して作業を進めることが必要です。

実際に基本のフォーマットに落とし込む際に、「どう書けば良いのか」といった戸惑いが出てきます。最初のうちは面倒でも「表記方法」を確認しながら進めることが大切です。幾つか作成していると要領が分かって慣れてきますので、それまでは練習だと思って続けてください。

（2）通し番号の扱い方

「業務作業分類表」の小項目や基本要素の手順などに、通し番号をつけるということは前述しました。この番号の扱い方について説明します。

次ページの図を見てください。

<小項目の通し番号>

「業務作業分類表」の作成で、小項目ごとに通し番号を振りました。この番号を基本フォーマットの**作業名の頭に記入します。**

図36 「基本フォーマット」 作業名の頭に、番号をつける

大項目	中項目	小項目	通し番号	担当者名	備考
1．清掃	1．清掃の基本	① 清掃業務の基本 ② 清掃業務の心得 ③ 清掃業務のフロー	001 002 003	山田 山田 山田	
	2．玄関	① ドア ② 玄関マット	004 005	工藤 工藤	
	3．トイレ	① 床 ② 便器	006	小平 小平	

業務名	作業名	発生時期
清掃の基本	001 清掃業務の基本	開店準備時

		標準時間
目　的	お客様に気持ちよくお買物をしていただくために、店舗を清潔にします。	10分
達成基準	決められた時間内で丁寧に清掃ができます。	
用　具	ホウキ、チリトリ、ゴム手袋、バケツ、雑巾、ト	

この作業名の頭にある番号（通し番号）は、「業務作業分類表」と照らし合わせて、表記に間違いがないか、モレがないかなどを確認するために使います。

よくある間違い例は、**「業務作業分類表」の表記と原稿の表記（作業名）が違う**、ということです。しっかり照らし合わせることが必要です。

この通し番号は、マニュアル完成時には削除します。

<図表類の付番>

通し番号は、図表類のデータの付番（データに番号をつけること）にも使います。

データ1枚ごとにこの通し番号と枝番号の名前をつけて、管理・保存に活用します。

また、**この「付番」のつけ方には、ルールがあります。**その付番を見れば、誰でもどこに使うかが分かるということです。

たとえば、**「写真003—1—③」**であれば、次のようになります。

- 作業の通し番号　→　003
- その作業のステップ番号　→　1
- そのステップの手順の番号　→　③

＝作業の通し番号「003」のステップ「1」の手順「③」で使う写真データ

「作業名」　　００３　商品の品出し

ステップ	手順・ポイント
1　商品を確認する	①　商品を準備します。 ②　「発注書」と商品を照らし合わせてチェックします。 ③　問題がなければ、「受領書」にサインします。 写真003—1—③

写真などの図表類のデータは、マニュアルによっては膨大な量になります。

名前などの固有名詞ではなく、通し番号を使って管理し保存することで、使いやすく、ミスを防ぐことができます。

この**「付番のルール」**をしっかり守ることで、混乱せずにマニュアルの仕上げ作業に取り掛かれます。この通し番号は、原稿作成段階では、非常に重要な番号だといえます。

（3）原稿作成上の留意点

フォーマットに落とし込む、つまり、原稿を作成する上での注意点について見ていきましょう。

①　簡潔な文章にする（長文は不可）

長々とした文章は、読みづらく内容も理解しにくいものです。簡潔に表現することを心掛け、接続詞（そして、だから、など）を多用しないようにします。特に、「手順・ポイント」の最初の文章は簡潔な文章にします。

<手順・ポイント>

①　面接終了後、「申請書」をもとに人物面や条件面を総合的に判断し、面接官の合議のうえで合否判定を行います。

①　面接終了後、合否判定を行います。 ●「申請書」をもとに、人物面や条件面を総合的に判断します。 ●面接官の合議で判定します。

②　新人（初心者）が理解できる表現にする

職場で日常的に使っている専門用語や省略した言葉づかいなどがあります。自分には当たり前のことでも、新人には分からないことが多いものです。

専門用語には、必ず解説をつけます。また、カタカナの表現やアルファベットの省略表現などには、特に注意します。このマニュアルづくりを機会に、用語を統一しましょう。

- データーは、「データ」に統一
- （キーボード）の○○を押すを、「クリックする」に統一
- 前進立体陳列を、「前陳」に省略
- パッケージを、「PKG」に省略

社内用語集などがある場合は、それをもとに解説の記述をします。

③　数値などを使って具体的に表現する

曖昧な表現を避けて数値化するなど、できるだけ具体的に記述します。

曖昧な表現（例）	数値化（例）
●必要な枚数	●５枚　●30枚
●所定の割合で	●５％　●30％
●足りなくなったら	●残り３個になったら
●目立つように	●商品の中央に、赤色を使って
●取りやすいように	●10個ずつ積み重ねる

このように具体的に表現することで、判断がしやすくなります。これは現場ごとのやり方（ローカルルール）を作らない（作らせな

い）ことにもなります。また、
「〜と思います」
「必要に応じて……」
「〜ありそうです」
といった表現も使ってしまいがちですが、できるだけ数値を使って説明する、曖昧な記述をしないことを習慣にしましょう。

④　肯定的な表現にする

マニュアルは、会社の仕事の基準です。新人は、この「基準」の習得が第一です。守ること、すべきこと、やるべきことを優先して習得してもらわなければなりません。したがって、マニュアルは肯定的な表現が基本になります。
「やってはいけない」禁止事項が目立つマニュアルは問題です。どうしても入れたいときは、「手順・ポイント」の中に、枠などを作って入れるようにしましょう。

手順・ポイント
①　………… ………………………… ＜やってはいけないこと＞ ⋮

また、禁止事項を入れる場合には、そうすることで「怪我をする」「誤作動する」といったように、その理由を明記することも必要です。

⑤　具体的な行動レベルまで分解して記述する

手や足が動くレベルまで掘り下げる・追究することが必要です。

「箱を持ち上げる」　➡両手？

➡どのへんを持つ？

➡軍手は必要？

などといったように、**「誰でも同じようにできる」まで分解**して考えます。**この分解の精度が、マニュアルの精度の高さ、再現性の高さに比例**します。

また、文章は５Ｗ１Ｈでまとめるようにしましょう。

⑥　ビジュアル化の工夫をする

ビジュアルとは、目に見えるさま、視覚的であることを意味しています。さまざまなデザインや写真、イラスト、ＰＣ画面、図表、フローチャートなどを指します。

情報を伝えるうえで、ビジュアルを使って見やすく、分かりやすくすることは非常に重要です。

マニュアルは、見た目ではなく、まず内容ありきですが、

- **マニュアルに書いてあるとおりに再現できるか**
- **理解のさせ方として分かりやすいか**

という視点で考えて、ビジュアルを使用することが理解を早めるうえで効果的なら、積極的に使います。

内容があってのマニュアルですから、ビジュアルがデザイン的に良い悪いという問題はありません。

⑦　適切な情報量にする

マニュアルは、**１項目（１作業）１枚が基本**です。

１枚（Ａ４判タテ）が習得しやすい情報量であり、管理しやすいサイズだからです。

ただし、１枚を超えてはいけない、ということではありません。写真や図を入れたら、すぐ２～３枚になってしまいます。また、１枚に無理やり押し込めるために、情報を削ったり、強引にまとめたりといったことはすべきではありません。１枚にまとめることを目標にして、対象者が理解できるか、行動できるか、の視点で情報量を判断しましょう。

原稿作成上の留意点をまとめてみましょう。

《原稿作成上の注意点》

①　簡潔な文章にする（長文は不可）
②　新人（初心者）が理解できる表現にする
③　数値などを使って具体的に表現する
④　肯定的な表現にする
⑤　具体的な行動レベルまで分解して記述する
⑥　ビジュアル化の工夫をする
⑦　適切な情報量にする

以上の留意点を踏まえて、基本フォーマットに落とし込んでいきます。

（4）原稿作成の進め方

「業務作業分類表」の担当者名の記入のところで説明しましたが、複数の作成者がいる場合には、この表の担当に従って作成していくことになります。

基本的には、この通し番号順に作成していくことになりますが、最初は、あまり重くない（情報整理が簡単、ページ数が少ないなど）項目から書き出し始めたほうが良いでしょう。作成に慣れることを優先するということです。

ただし、虫食い状態、中項目ごとに一つずつ作成する、という進め方は、マニュアルとしての仕上げ段階で整理する、時系列で並べるときに、時間がかかり大変な作業になります。

中項目ごとの固まりで作成していく、という方法があとでの並び替えも原稿のチェックもスムーズです。

原稿の担当者は、自分の担当分を責任を持って仕上げなければなりません。

原稿を作成する ➡ チェックを受ける ➡ 原稿を修正する ➡ 原稿を決定する

という一連の流れを、１つの項目ごとに進めます。

マニュアルの全体量にもよりますが、この作業にかかるエネルギー（時間、気力、体力など）は、膨大なものになります。一番の問題は、**原稿作成の時間を確保する**ことです。

マニュアルの担当者になったからといって、これまでの日常業務や目標などが変わることはほとんどないでしょう。また、「ちょっと時間ができたから」といってすきま時間で書いていては、いつまでたっても書きあげることはできません。

一回の作成にかける時間は、最低２時間ほどは必要です。このぐらいの時間がないと、それなりにまとめることは難しいものです。「残業して作成する」といっても、長く続きませんし、徒労感だけが残ります。

「なんで自分だけがこんな苦労を……」と嘆き節も出ます。

「マニュアル」に対するイメージもどんどん悪くなる一方です。これでは、マニュアルが完成しても、活用がおぼつかなくなるでしょう。

そこで、作成する日や時間を認めることが必要になります。

作成デイ（タイム）のスケジューリング化です。

毎週月曜日の13時から17時までとか、毎日10時から12時までを作成時間にあてることを了承するのです。こうでもして、強制的に時間を確保しなければ、現実問題としてマニュアルの作成は難しいといえます。

マニュアルの作成は、会社の重要な業務。**作成デイ（タイム）の設定は、必須条件**とも言えます。また、これらを会社全体で共有しておくことが必要でしょう。

作成する日、チェックを受ける日、原稿を決定する日、そして、完成する日などのスケジュールを明確にして取り組まないと、日常業務のさまざまな問題の前で往々にして立ち往生してしまいがちです。

マニュアル作成には、**トップの理解と担当者の「やり切る」覚悟**が求められています。

2 原稿作成に必要な視点

ここで、原稿作成の全体に関わる視点についてまとめます。

① 最大公約数のケースでまとめる

原稿の作成を進めていくと、どんな対応を例にするか、どんな商品にするかなど、その作業（行動）を説明する上での、「設定」が問題になってきます。月に１～２度しか起こらない対応、１日に２～３個しか売れない商品、あるいは、他部署との調整を必要とする複雑なケースを例に持ってきても、その作業（行動）の習得を早めることにはつながりません。

マニュアルには、誰もが必ずしなければならないこと、誰もができる、「基本」がまとめられていることが第一に必要です。もちろん、レアなケース（めったに起こらない例）のマニュアルを作成する場合や、応用編をテーマにしたマニュアルを作る場合は別です。

最大公約数のケースとは、

- よくある（対応する）ケース
- 一番多い、一番頻度が高いケース
- 一番売れている商品（扱いが多い商品）
- 定番商品

など、**その作業（行動）を習得しやすいケースや商品**のことです。言葉を換えれば、**最大公約数のケースでまとめられたものが「基本」であり、それが「マニュアル」なのです。**

ときに、会社としての重要度・必要度を優先して、テーマや項目・ケースを選ぶことがありますが、その場合は、「○○の資格者、入社３年以上」といったように、**対象者の条件やレベルを明確にする**ことが重要です。

② 全体最適かどうかを検討する

原稿作成を新人（初心者）が担当することは、まずありません。ベテランやその道のプロと言われる人がなるのが普通です。また、本社の一部の人間だけで作成していると、往々にして実行が難しい内容になったりします。そんなときには、

- **「これは○○さんにしかできないでしょう」**
- **「こんなこと誰でもできます？」**
- **「この商品、全国で扱っていましたっけ？」**
- **「この設備、どこの営業所でも入っています？」**
- **「これ、ルールとして通用しますか？」**
- **「これを決めたら、他部署から反発が来ませんか？」**

といったことを検討することが必要です。

マニュアルは、**「全体最適」が基本**です。部分最適やローカルルール（ある拠点でしか通用しないルール）につながるものであってはなりません。

作成者には、「会社全体を考える」という視点が求められます。

③ 業務改善の視点を持つ

業務改善とは、成果を上げるために、最も良い（効率的・効果的）方法を作り出すこと、つまり、仕事の不便さや不都合を解決するこ

とです。そして、会社の仕事の基準を最も良い方法に作り変えることです。

「もっと簡単なやり方はないか」

「もっと時間がかからない方法はないか」

などなど、「効率的な仕事のやり方」を追求することは、会社にとっても必須の取り組みでしょう。

原稿を作成するうえでは、次のような業務見直しの視点を意識して取り組むことが必要です。

《業務の見直しの5つの視点》

① ムダ・ムラ・ムリがないか

② 安・正・早・楽で検証

もっと安く（安全・経済的に）、もっと正確に、もっと早く（速く）、もっと楽に（負担が少ない、楽しく）

③ あるべき姿（ありたい姿）の追及

④ 最も良い方法の開発・構築

⑤ お客様満足のさらなる向上

この視点を持って、**仮説➡実践➡検証のサイクル**を回します。

今やっている仕事、これから新しく作り出す仕事について、こうした視点とサイクルで見直し改善することが必要です。

《原稿作成に必要な視点　まとめ》

1　最大公約数のケースでまとめる

2　全体最適かどうかを検討する

3　業務改善の視点を持つ

3　効果的な情報整理

（1）手順がない業務（作業）のまとめ方

これまで説明してきたのは、手順がある業務の記述方法でした。

しかし、会社の業務には「手順がないもの」もたくさんあります。ここでは、「手順がない業務」の記述方法について説明します。

マニュアルには、その業務（作業）の説明やそれをするための**心構え、役割・重要性などを記述**したものが必要になります。これらは、言うまでもなく、手順がありません。また、**商品知識や用語解説、あるいは業務フロー図などにも手順がありません。**

こうした手順がないものを基本フォーマットに落とし込むときには、次の２つのことが大切です。

- **「全体の注意点・ポイント」の欄までは残す**
- **「業務名と作業名」以外を全部外す**

あとは自由レイアウトで情報を整理します。

どのようなレイアウトが使いやすく目的に合っているのかを考えて作成します。

ただし、この場合も、これまで述べてきたマニュアルの捉え方、原稿作成やフォーマットへの落とし込みの留意点などを踏まえて記述することが重要です。

図37 「全体の注意点・ポイント」までを残した例

業務名	作業名	発生時期
基本心得	態度	——

目　的	お客様と良い人間関係を築くために、態度の重要性を理解し、常に感じの良い態度で行動します。
達成基準	態度の重要性を理解し、常に感じの良い態度で対応することができます。
準 備 物	

標準時間
——

《全体の注意点・ポイント》
◆態度は、相手に与える印象に大きく影響します。
◆常にお客様から「見られている」ことを意識して行動します。

内　容

態度は、お客様からの信頼に大きく影響します。
お客様と接するときには、態度に十分気を配ることが必要です。
いつでもお客様から見て、気持ちの良い態度を心がけましょう。

（1）感じの良い態度のポイント

キビキビと対応する
キビキビとした動作、良い姿勢が気持ちの良い態度の基本です。
常にそのことを意識して、立ち居振る舞いを心がけます。

常にお客様を優先する
常にお客様に気を配り、必要があればすぐに対応できるようにします。

常にお客様の立場になって考え、行動する
お客様にとって何が良いのかを常に考え、行動に移します。
困った時には、周りに助けを求め、より良い行動に繋げることも大切です。

図38　基本フォーマットから業務名と作業名以外を外した例

業務名	作業名
対応の基本	お客様対応に求められるもの

1．お客様対応に必要なこと

- まず、お客様対応には「スピード＝迅速な対応」が必要です。
- 次に必要なことは、お客様と良好なコミュニケーションを保つということです。
  ①お客様の気持ちを理解する
  ②お客様を大切に思う気持ち（思いやり）を持つ
  ③その気持ちを表現し、伝える力を持つ
  この「理解力」「思いやり」「伝える力」の３つが、良いコミュニケーションの基本となります。

2．お客様のご用件

- お客様はスタッフから何らかの反応を期待して話しかけてこられるので、「ご用件を聞き分ける力」と、「それに即応できる判断力と知識」が求められます。

（2）業務フロー図の作成上の注意点

会社の業務の多くは、さまざまな部署や取引先などとのやり取りで成り立っています。この関係を時系列で整理し理解させるうえで、業務フロー図は非常に役立ちます。

しかし、この業務フロー図、簡単なようで実は整理するのがなかなか大変です。

複雑すぎて分かりづらいものになったり、自部署が端に寄っていて目立たない位置にあったり、業務フロー図に書いてあることがマニュアル原稿になかったり、といったケースが多く見られます。

作成するときには、できるだけ単純化する、**自部署を中心に目立つように大きく配置する**ことが必要です。また、**この業務フロー図**

に載せた一つひとつが、あとの作業項目（マニュアル原稿）に必ずなっていなければなりません。これが作成する上での基本です。

図39　自部署（人事部）が端によって、目立たない例

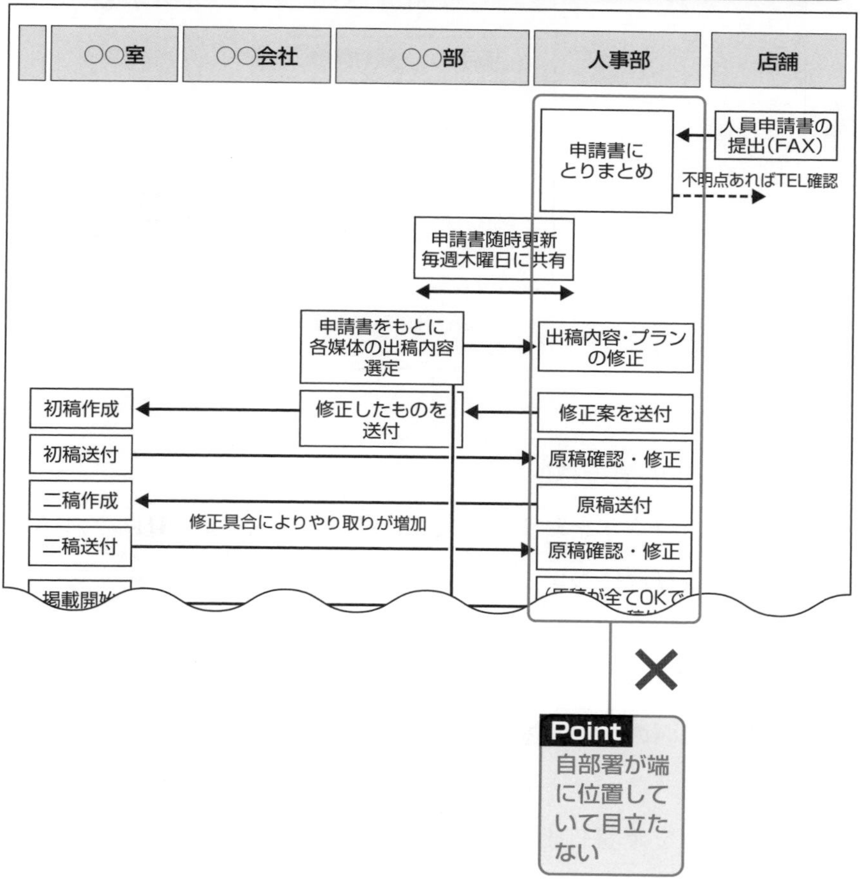

○○室
○○会社
○○部
人事部
店舗

人員申請書の提出(FAX)
申請書にとりまとめ
不明点あればTEL確認
申請書随時更新
毎週木曜日に共有
申請書をもとに各媒体の出稿内容選定
出稿内容・プランの修正
修正案を送付
修正したものを送付
初稿作成
初稿送付
原稿確認・修正
原稿送付
二稿作成
修正具合によりやり取りが増加
二稿送付
原稿確認・修正
（原稿が全てOKで

✕

Point
自部署が端に位置していて目立たない

図40　自部署を中心に置く

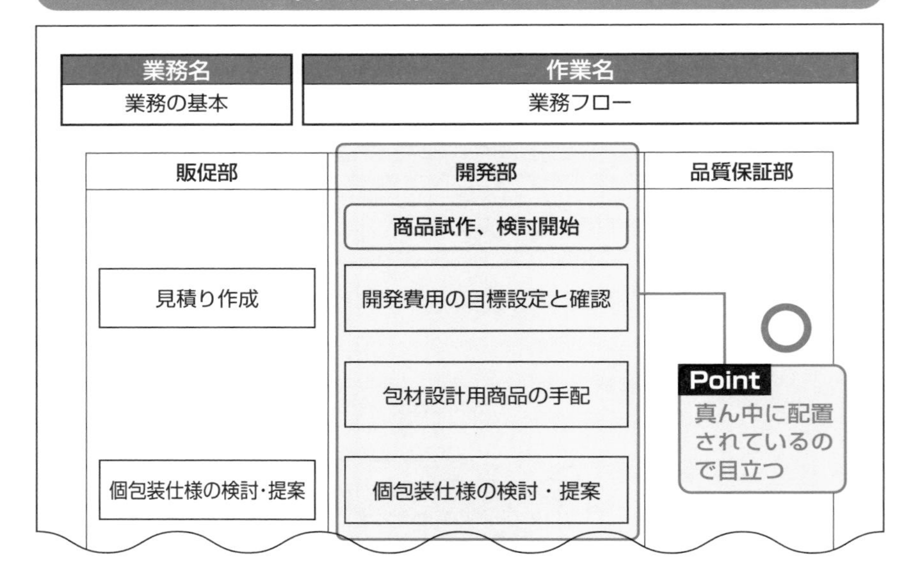

（3）そのほかの情報整理

マニュアルづくりをお手伝いしているときに、よく質問される、悩まれる情報整理について、幾つかご紹介しましょう。

①　手順が分かりづらい場合

①　ＰＣ画面の総務部を開き、採用・教育、続いてＰＡ採用、次に研修スケジュール、研修準備一覧、研修日、最後に、受講者人数を確認します。

一連の動作の順番にまとめます

①　ＰＣ画面を開き、研修該当日の受講者人数を確認します。 ファイルの保存場所：総務部→採用・教育→ＰＡ採用→研修スケジュール→研修準備一覧→研修日→受講者人数

② 同じような作業が続く場合

作業名「書類の準備」 作業名「備品の準備」 作業名「○○の準備」 作業名「□□の準備」

➡ 作業名「準備の基本」を追加し、準備の一覧と共通するポイントをまとめる

作業名：「準備の基本」
作業名「書類の準備」 作業名「備品の準備」 作業名「○○の準備」 作業名「□□の準備」

③ 作業の手順が少ない

また、それぞれの作業の手順が少ない場合は、１つの作業名（１項目）として整理する。

作業名「各種ツール類の準備」

<準備する各種ツール類>

①書類　②備品

① 書類の準備

ステップ	手順・ポイント
1　○○	①　…… ②　……

② 備品の準備

ステップ	手順・ポイント
1　△△	①　…… ②　……

④作業ステップの中に「場合」等が入る

～の場合等、例外的なことを記述する場合、ステップにはせずに、独立させます。

ステップ		手順・ポイント
3	～する	① …… ② ……
4	～する	① ……
5	～の場合	① ……

Point
ステップから独立させる

ステップ		手順・ポイント
3	～する	① …… ② ……
4	～する	① ……

～の場合
① ……
② ……
③ ……

情報を理解しやすいように、整理し加工する。

効果的な情報整理は、内容の理解を助けることにつながります。

3 作成を妨げる「抵抗勢力」への対応

会社（職場）には、マニュアルの導入や作成に後ろ向きな人たちが必ずと言っていいほど存在します。こういう人たちを**「抵抗勢力」**と呼んでいます。この抵抗勢力は、非常に厄介な人たちです。

しかし、このような人たちにきちんと対応しなければ、マニュアルの作成やその後の活用はスムーズに進みません。

ここでは、抵抗勢力の特徴とどのように対応していけばよいのかについて考えていきます。

1 「抵抗勢力」の３つの特徴

抵抗勢力は以下の３タイプに大別できます。

① マニュアルに対する固定観念がある
② ノウハウを出さない・隠す
③ 自分の仕事は特殊という思い込み

① マニュアルに対する固定観念がある

自分のマニュアルに対する捉え方から抜け出せずに、批判ばかりしている人たちです。

一般的に言っても、マニュアルに対してネガティブなイメージを持つ人が多いものです。程度の差こそあれ、これが**作成を妨げる最大の要因**だと言ってよいでしょう。

「マニュアルは、初心者（新人など）が読むもの」

「マニュアルは、きれいごと。現場では役に立たない」

「カタチより、心が重要」
「仕事は、個性が大事」
など、マニュアルに対して自分で描いた固定観念を持っていたり、さらに、「マニュアル人間」や「マニュアルは画一的で人間味がない」などの根強い偏見・誤解を持っていたりする人たちがいます。
この人たちは、「今の仕事のやり方で別に困っていないので、自分にはマニュアルは必要ない」とも思っているわけです。こうした捉え方を変えられない人たちは、マニュアル導入において厄介な存在です。

② ノウハウを出さない・隠す

「自分のやり方は、そんな大したことじゃないから」
「仕事は人それぞれ」
と言って、自分のノウハウを出さない、マニュアルづくりのための取材などに協力しない人たちです。
では、マニュアルができたら、その通りに実行するかといえば、自分には関係ないとばかりに、あくまで自己流を貫きます。「自分の仕事のやり方が一番良い」と思って、新しいことには関心を持たないのでしょう。
また、このノウハウは、自分が苦労して身につけたもの、これがあるから今の自分の仕事がある・保障されているという、いわば既得権益を主張する人たち。このノウハウをマニュアルにされて、誰でもできるようになったら「自分の仕事がなくなる」という観念にとらわれている。だから、自分のノウハウを出さない・隠す、ということになるのかもしれません。
マニュアルづくりは、その作業のベテランに取材することから始まるのが多いものです。

しかし、こうした捉え方をしている人たちが相手では、マニュアル作成に必要な情報・ノウハウの収集は難しいことになります。

③ 自分の仕事は特殊という思い込み

「自分の仕事は特殊だから、マニュアルにはならない」、と考える人たちもいます。自分の仕事は別格であるといった、ある種の優越した気持ちの表れでしょうか。

確かにそういう「特殊な領域」があることは否定しませんが、マニュアルにしようとするのは、そんな高度なレベルではなく、まずは「基本」と言われる範囲から始まります。

どんな仕事にもレベル（難易度）があります。それをひとくくりにして「自分の仕事は特殊だ」と決め込んでしまう。「特殊」という壁を作って、マニュアル化を阻んでいるのです。

また、同じように

「仕事は個性やオリジナリティが大事」

「習うよりも、慣れろだ」

などと考えている人たちも、マニュアルの作成を阻む抵抗勢力の一員と言ってよいでしょう。

2 「抵抗勢力」への対応

「抵抗勢力」の特徴について見てきましたが、こうした抵抗勢力は、皆さんの会社（職場）にも少なからずいるのではないでしょうか。

では、こういう人たちには、どのように対応していけばよいのか、その方法は大きく４つあります。

① 作成メンバーの一員に任命する
② 強制力を発揮する
③ 勉強会を繰り返し実施する
④ 有志でマニュアルを作って、成果を出す

① 作成メンバーの一員に任命する

仕事として「マニュアル作成プロジェクト」の一員になってもらいます。

プロジェクトの一員になれば、嫌々でも従わざるを得ないものです。マニュアルづくりが始まってしばらくは混乱するかもしれませんが、そのうちに落ち着いてきます。

プロジェクトの一員になったということで、見方が変わり、「抵抗勢力から一転、マニュアルの支持者になった！」という話をよく聞きます。立場が変わると、マニュアルに対する捉え方も変わってくるものです。

頑固な抵抗勢力だった人が支持者になったということの影響力は、非常に大きなものがあります。

作成段階はもちろん、活用段階でも重要な役割を果たしてくれることになるでしょう。プロジェクトメンバーの人選は、こうした点をよく踏まえて編成することが必要です。

② 強制力を発揮する

ある企業のトップは、

「これから作るマニュアルは、仕事をするうえでのバイブルになります。今後はこのマニュアルに沿って仕事をしてください。なお、

このマニュアル化に協力しない場合には、人事評価に大きな影響があることを理解しておくように」

と社員全員に言い渡したそうです。

これは実際にあった例ですが、このぐらい**大きな強制力**を働かせないと、なかなか動いてくれない、協力してくれないものです。トップ自らがこのように旗を振ることで、ようやくプロジェクトが動き始めるというのが現実でしょう。

しかし、このことによって、マニュアルを**単なる個人の制作物ではなく、「公認された会社の制作物」**へと格上げされます。そうすると、**マニュアル自体が、ある種の強制力を持つ**ことにもなっていきます。

強制力を上手に活用して、マニュアル化をスムーズに進めることも、場合によっては必要です。

③ 勉強会を繰り返し実施する

マニュアルの重要性、会社にとっての必要性などを啓蒙するための取り組みです。

小さな単位で勉強会を数多く開催し、マニュアルに対する理解を深めてもらいます。時間はかかりますが、これが徹底できれば、会社全体でマニュアルに取り組む状況を作り上げることができます。

言葉を換えれば、**マニュアルの支持者づくりの活動です。**

さらに、マニュアルの活用段階でも、会社全体の理解が得られているのですから、スムーズに導入でき、大きな成果につながります。まさに、**正攻法の取り組み**です。

勉強会では、マニュアルに対するトップの思いを直接伝えたり、社員のマニュアルに対する率直な考えや意見などを聞いたりします。

この活動を通して、マニュアルを担当する人たちの理解をより深め、責任と自覚を持ってもらうようにしましょう。

④　有志でマニュアルを作って、成果を出す

本来なら順を追って進めるべきですが、緊急性がある場合などは、抵抗勢力への対応にあまり時間をかけてはいられません。とりあえず、数人でマニュアルを作ってしまう。そして、何とか目に見える具体的な成果を上げて、会社全体での賛同・納得を得るという取り組みです。

その成果を見て、「マニュアルって、いいものかもしれない」と実感してもらい、見方を変えてもらうのが狙いです。「論より証拠」という作戦ですね。この場合、最初に作成するマニュアルのテーマ・内容を何にするのかが、非常に重要になります。

遅かれ早かれ「抵抗勢力」とは、戦わざるを得ません。しかし、具体的な成果を上げているということは大きな強みです。また、「マニュアル」という具体的な形になっていることで、彼らの理解を早めることができます。

マニュアル導入の賛同や根回しに時間がかかる会社では、**トップダウンで既成事実を作ってしまう**、という進め方が適していると言えます。

いずれにしても、会社の状況に合わせて、これらの方法を組み合わせて取り組んでみてはいかがでしょうか。

重要なことは２つです。

- **抵抗勢力になることは、損であることに気づかせる**
- **勝手な思い込みや言い訳を捨てさせる**

最新・最高のノウハウを集大成したものが、マニュアルである。そういうものを作成していくことが目的であることを、強く訴えていくことが必要です。

このように、**「抵抗勢力」は排除するのではなく、巻き込むという考えで対応する、解決にあたる**のが大切です。

時間も体力・気力も必要としますが、真摯に対応することで、まさにさまざまな成果として跳ね返ってくるのも事実です。粘り強く対応してください。

《抵抗勢力の特徴と対応》

① マニュアルに対する固定観念がある
② ノウハウを出さない・隠す
③ 自分の仕事は「特殊」という思い込み

＜抵抗勢力への対応＞

① 作成メンバーの一員に任命する
② 強制力を発揮する
③ 勉強会を繰り返し実施する
④ 有志でマニュアルを作って、成果を出す

4 原稿のチェック・完成

作成担当者から原稿が次々に上がってきます。この原稿をチェックして、マニュアルとして完成させていかなければなりません。ここからは、仕上げ段階における検証作業、完成に向けての最終チェックをするうえで必要なことについて説明します。

1　作成者と社長が陥る落とし穴

（1）　作成者が陥る落とし穴

マニュアル作成者が往々にして陥る、思い込みや錯覚について考えてみましょう。

①　「簡単・すぐにできる」という思い込み

マニュアルの作成者は、その業務のベテランがほとんどです。この人たちは、自分の当たり前は、相手も当たり前で、

「この業務は、簡単にすぐできる」

と思い込んでいることが多いものです。

マニュアルには、新人が再現できるレベルの具体性がなければなりません。新人でも分かる言葉を使うことはもちろん、具体的な行動、動作レベルまで作業（行動）の分解を必ず行い、その都度、誰でも再現できるかどうかを検証します。

②　完成度・精度にこだわる

原稿作成に慣れてくると、精度を上げようと何度も修正を繰り返

す人がいます。納得がいくまで手を加えるのです。この“こだわり”は、ある意味で非常に重要ですが、度を超すと、いわゆる“深みにはまる”ことになってしまいます。

「もう少し整理したい……」「もっと具体的に……」

「これを何とか……」

などと言っていては、どんどん完成時期が延びていってしまいます。

原稿提出日や完成時期を守る、ということは、非常に重要なことです。

「もう少し何とかしたい」

という思いややり残したことは、次回の改訂時に対応するようにします。

マニュアルには、「100%の完成形」というものはありません。自分の思いに固執して完成が遅れるよりも、**早く“形”にして、新しい知恵やコツを会社で共有する**、ということが大切です。

③ フォーマットにとらわれすぎる

フォーマットの重要性については何度も説明してきましたが、しかし、それをかたくなに守ろうとして、

「ステップは、５個でなければいけない」

「１つの作業は、１枚に収めなければならない」

などと、硬直した考えにとりつかれてしまう人がいます。その結果、実際は７ステップになるのに、無理やり５ステップにしてしまったり、１枚の中に無理やり押し込んでしまいます。

情報を整理したり表記方法の枠組みを守ることは大切ですが、情報の量や質によって、ある程度自由に編集してもよいのです。読む人が分かりやすいか、行動しやすいかが、判断の基準です。

この視点で内容を検討し、情報を整理していくことが必要です。

④　フローチャートに頼りすぎる

業務フローやステップフローなど、フローチャートは全体の流れを表すうえで、非常に分かりやすく有効な表現方法です。しかし、だからといって、フローチャートを１つ作成して原稿終了、では問題です。

フローチャートに頼りすぎて、

「全体はなんとなく分かったが、具体的にどう行動するのかが分からない」

というマニュアルにならないようにしなければなりません。

「フローチャートで分かるはずだ」

というのは、思い込みや錯覚だと言えます。

重要なのは、フローチャートで整理された手順の一つひとつをマニュアルにしっかり反映させていくことです。全体と部分（個別）があってはじめて理解がしやすく、行動にもつながっていくのです。

また、フローチャートを作る場合は、あまり複雑にしないで、できるだけシンプルなものにするのがよいでしょう。

⑤　写真や図表類に頼りすぎる

ビジュアル化の工夫も、理解を促進するうえで大切であることは述べましたが、何事も“度を超す”と逆効果になってしまいます。

写真やＰＣの画面を見せて、

「ご覧のように……」「この写真（画像）にあるように……」

と言われても、写真（画像）のどこを見てどうすればよいのかが分からない場合が往々にしてあります。
「写真を見てもらえば分かる」といった簡単なことではありません。その写真（画像）が、３つも４つもの動作をした結果の写真（画像）だとすれば、もうお手上げになります。

写真や図表類を使うこと自体はまったく問題ありませんが、その写真や図表類のどこが、どのようなポイントなのかが分かるものでなければなりません。また、その写真や図表類がそこに本当に必要かどうか、適切なのかを検討することが大切です。単に全体を撮った写真や結果だけの写真の使用はしないことです。

最初は文字だけで原稿を作り、その理解を促進するために写真や図表類を挿入する。マニュアルは内容ありき。写真や図表類への、過度の期待は禁物です。

以上、マニュアル作成者が陥りやすい落とし穴について見てきました。これらは、「つい何気なくやってしまう」ことばかりです。十分注意して取り組むようにしましょう。

《作成者の落とし穴》

① 「簡単」「すぐにできる」という思い込み
② 完成度・精度にこだわる
③ フォーマットにとらわれ過ぎる
④ フローチャートに頼りすぎる
⑤ 写真や図表類に頼りすぎる

（2） 社長が陥る落とし穴

今度は、トップが往々にして陥る**「社長の落とし穴」**について見てみます。これらは、作成段階だけでなく、全般に関わることでもあります。

> **《社長が陥る落とし穴》**
> **①　途中で口をはさみたがる**
> **②　自分のやり方・経験を押しつける**
> **③　熱しやすく冷めやすい**

①　途中で口をはさみたがる

担当者にマニュアル作成を任せたのにもかかわらず、**なんだかんだと口をはさみたがる社長。**

「原稿の出来はどうだ？　ちゃんと書いてきてる？」

「○○の作業は、詳しく書くようにね！」

「○○君は、曖昧な言葉が多いから注意してチェックしてね！」

などなど、何か言いたいという気持ちはよく分かりますが、それも程度問題です。

担当者からの定期的な進捗報告を受けて状況を把握する。報告を受けて気づいた点、たとえば、皆の協力が少ない、原稿提出の遅れが目立つ、などのことについては、関係者全員を前にして話すことが大切です。

一番困るのは、**その場の思いつきで発言する**ことです。

「ちょっと思ったんだが、○○作業を入れては？」

「せっかく作るんだから、○○まで入れようよ」

「とにかく、売上に結びつけてね」

これまで説明してきたように、マニュアルづくりはテーマの選定から始まって、幾つものステップを経て、ようやく原稿作成の段階に入ります。ところが、想定外の指示が入ってくると、もう一度「業務作業分類表」などの見直しをしなければならなくなります。

「そうしたいなら、もっと早く言ってよ！」

というのが作成担当者の正直な気持ちで、「やってられない！」と思うことでしょう。

実は、こうした発言で現場をかきまわす社長が特に目につきます。

途中で気づくこと、思い出すこともあるかと思いますが、できるだけマニュアル導入のスタート時点で話しておくことが必要です。

マニュアルづくりの途中でなんだかんだと口をはさみ、現場を混乱させる社長。心配性なのか、やたらに介入してくる社長。部下のやる気を失わせます。気をつけたいですね。

② 自分のやり方や経験を押しつける

現場の経験が長い社長によくあることですが、自分の仕事のやり方や経験を押しつける社長がいます。

「そうじゃない！　俺がやってきたのとは違う！」

「俺の経験では、そのやり方ではうまくいかない！」

「イメージが違う！」

など、言っていることは正しいことかもしれませんが、言い方には十分注意する必要があります。

頭ごなしに言われると、「じゃあ、社長、自分で書いてくださいよ！」と担当者から反発されてしまいます。

マニュアルづくりをする担当者にとって、何を・どこまで・どのように書いてよいのか、迷いや不安の連続です。本人も「これで良いのか」と疑問に思っているかもしれません。そんなときに、カミナリを落とされては、愚痴の１つも言いたくなるでしょう。

また、
「何をやっているんだ！」「遅い！」
「いつまでかかるんだ！」

とイライラすることも多々あるかもしれませんが、こうした言葉は禁句です。

その作業ができることと、マニュアルにできる、は当たり前ですが、イコールではないのです。原稿づくりに慣れるまでには、それなりの時間がかかります。任せた以上、焦らずに待つことも必要です。

原稿をしっかりチェックして、改善点を指摘する。または、その原稿で実際に作業をさせ検証させて、本人に気づかせる方法もあります。気に入らないからといって、一からやり直させることは、考えものです。

マニュアルづくりは、部下を成長させる機会である、という考えで対応してほしいと思います。

③　熱しやすく冷めやすい

マニュアルの導入時には、あれだけマニュアルの必要性を熱っぽく語っていた社長が、マニュアルが完成してもあまり喜んでくれなかった、という話をよく聞きます。

言うまでもなく、マニュアルの作成にはそれなりの時間がかかります。作成するテーマやその内容にもよりますが、少なくとも２～

３カ月、準備期間も入れれば、優に半年間くらいはかかるでしょう。

その間に、ほかのことに関心が移って、急激に熱が冷めることがよくあります。しかし、社員から見れば、

「社長の新しもの好きに振り回された！」

「社長の道楽には困ったものだ！」

「忙しいのに、いい加減にしてほしい！」

といった気持になってしまいます。

良いものができたときには、多いに褒めて、それまでの苦労を労ってあげてほしいものです。

また、完成したマニュアルが自分の期待していたものと大きく違っていたとしても、それは現時点での社員の、会社の実力の現れです。次回への改善点をきちんと伝えることが大事になります。

原稿をペラペラめくって、良いだ悪いだと感想を述べるのは厳に慎まなければなりません。

以上、社長が陥る「落とし穴」について見てきました。

マニュアルづくりは、人や組織を成長させる良い機会です。このことを十分踏まえて対応してほしいと思います。

2　マニュアルの最終チェック

（1）　再現性の確認

マニュアルに求められる再現性を高めるには、具体性が重要であることについて説明してきました。

「自分の当たり前は、相手も当たり前」。誰でもついこうした錯覚をしてしまいがちです。しかし、マニュアル作成においては、これ

は非常に危険な落とし穴です。このことによって、内容の具体性が失われてしまい、誰でも同じようにできない、つまり、再現性が低いマニュアルになってしまいます。

何を・どのように、という重要な部分が抜けたマニュアルにならないように、次のことを常に注意していなければなりません。

- **対象者に合わせた具体的な説明になっているか**
- **記述内容にモレやヌケがないか**

こうした視点を持ち、「具体的に書かれた再現性の高いマニュアル」になっているかどうかを、「自分の当たり前」を疑いながら原稿をチェックしていくことが必要です。

マニュアル作成では、このような意識が非常に大切になります。手順の説明を簡単な言葉で終わらせてしまうのは、つい何気なくやってしまうことです。

しかし、マニュアル作成に当たっては、

- **誰が読んでも、同じように「やり方が分かる」**
- **誰がやっても、同じように「できる」**

という再現性があるかどうかを、常に自問自答しながら具体的に内容をチェックしていきましょう。

《再現性の確認》

- ▶ 自分の当たり前は、相手の当たり前ではない
- ▶ 記述内容に、作業や説明のモレがないか
- ▶ 作業（行動）を分解して考えているか
- ▶ 対象者に合わせた具体的な説明になっているか

（2） チェックシートの活用

マニュアルの内容が、会社の「仕事の基準」として妥当かどうか、表記方法などの統一はとれているのか、などを最終チェックしていきます。

マニュアルは、常に現在進行形のものです。「100%の完成」はありません。 しかし、新規で作成するときでも、改訂するときでも、それぞれ決まった完成日はあります。その日を厳守して作業を進めなければなりません。

このようなときに、必要な要素が入っているか、説明は過不足なく書かれているか、再現性と具体性はどうかなどの確認事項を一つひとつチェックしていると、時間がかかり多くのヌケやモレが発生します。

そこで、でき上がったマニュアルの最終確認は、**「マニュアルチェックシート」**を使って評価していきます。チェック欄がすべてチェックできたら、合格です。

図41　マニュアルチェックシート

No.	項　　目	チェック
1	業務・作業の区分は、明確になっているか	
2	業務・作業名に問題はないか	
3	習得項目の内容・数などは、対象者のレベルを考えて決定しているか	
4	目的は、お客様視点を踏まえているか	
5	達成基準は、わかりやすいか（評価できるか）	
6	標準時間は適正な時間か	
7	ステップや手順に不足・間違い・余分はないか	
8	設定した範囲・条件に対応しているか	
9	表現方法（用語・記述）は統一されているか	
10	見やすさ・読みやすさ・分かりやすさに問題はないか	
11	写真・図表・イラストなどを用いることで、具体的に分かりやすくなっているか	
12	写真・図表・イラストは本文の内容と合っているか	
13	誰がやっても、同じようにできるか	
14	効率的・効果的な手順になっているか	
15	難易度が、高すぎたり低すぎたりしていないか（対象者のレベルに合っているか）	
16	リスクはないか（安全性、対お客様など）	

3　マニュアルの完成

マニュアルづくりの最終段階です。

マニュアルとしての形態は、**バインダー方式**（インデックス付）をお薦めします。この方式だと、取り外しがしやすく、改訂のときも改訂したページのみを差し替えれば済むので、大変便利です。

（1）　表紙・はじめに・目次の作成

①　表紙

表紙には、上部の左右どちらかに、**「社外秘」**の文字を載せます。次に、文書番号や管理番号の記入欄を設けます。マニュアル名の下に、発行（改訂）年月日を必ず入れるようにします。また、会社名や部署名を明記します。

図42　マニュアルの表紙例

社外秘

文書番号	
管理番号	

タイトル

初　版：○○年○月○日
改訂版：○○年○月○日

株式会社 ○ ○
営業部

② はじめに

「はじめに」は、誰もが目にする最初のページです。このマニュアルの作成目的や重要性、使い方などを記述します。この下段に、「取り扱い上の注意」として、たとえば、

- 部外者には見せない
- 持ち出し厳禁
- コピー、複写の禁止
- 退職時には返却

などを記述します。この「取り扱い上の注意」は、裏表紙などに記載してもかまいません。

図43　はじめに　例

はじめに

1.『お客様対応マニュアル』について

このマニュアルは、お客様対応業務の「基準」をまとめたものです。
これは、社員全員が習得しなければならない、会社が決めた「ルール」であり、会社としての「基準」です。
この「基準」に基づいて仕事をすることが、みなさん一人ひとりに求められています。

そのために、このマニュアルは、みなさんが行うすべての作業の
1. 目標・期待レベルを明確にし
2. 行動レベルの作業手順に分解して
3. 統一フォーマットに記述

という特徴を持っています。

特に、統一フォーマットは、より効果的・効率的な仕事をするうえで必要な「作業の目的」「達成基準」「発生時期」「標準時間」「手順」などの要素が盛り込まれています。
このマニュアルを全員で共有し徹底していくことが、お客様にご満足いただける仕事をつくります。

2.取り扱い上の注意

皆さん一人一人の“貴重なノウハウ”から作られたこのマニュアルは、会社の知的財産です。社外秘文書として管理し、下記のことを必ず守ってください。

（1）部外者には絶対に見せないこと

③ 目次

次に、「業務作業分類表」をもとに、目次を作ります。

この作り方にルールはありませんが、**「業務作業分類表」の大項目を「章のタイトル」、中項目を「節のタイトル」、小項目を「項のタイトル」にするのが一般的です。**

分量によっては、中項目（節のタイトル）を省くこともあります。

図44 目次 例

目 次

（2） 会社の承認

完成したマニュアルは、会社の「仕事の基準」であり、会社の「知的財産」です。したがって、経営会議などでの承認を得なければなりません。こうした手続きが、単なる個人のマニュアルではなく、**会社の「公式なマニュアル」になる**ことにつながります。

承認されたら、文書管理をしている部門（管理部、総務部など）から**文書番号**をもらい、登録します。

マニュアルの原本（データ）の管理なども、原則として文書管理部門が担当します。

会社で一括して管理すると、似たようなマニュアル類の作成を防ぎ、新旧の区別・履歴がきちんと管理できます。何より、財産として登録されることにより、**さまざまな強制力**を持つことができます。

また、マニュアルが完成したことを、各種会議や社内報などで公表します。

その際には、トップから

「このマニュアルに書いてあることは、会社の仕事の基準。これからは、この基準に沿って仕事をしていくように」

といったメッセージを出すことも必要です。

トップ自らがマニュアルの重要性やその価値について述べることで、社員のマニュアルに対する認識は大きく変わります。

今後の活用段階では社員一人ひとりにさまざまな協力をお願いすることになりますので、**会社全体でマニュアルの完成を共有する**ことは、非常に重要なことです。

（3）「マニュアル管理台帳」の作成

マニュアルを配付する場合、「何を・誰に（どこに）・いつ」配付されたかが分かるように、1冊1冊のマニュアルに**管理番号をつけて「マニュアル管理台帳」に記録**します。この台帳は、マニュアルの原本を管理する文書管理部門が保管します。

台帳と管理番号は、「会社の財産」としてのマニュアルを管理する、盗難防止をする、ための仕組みの1つです。

図45　マニュアル管理台帳の例

マニュアル名	
文書番号	

作成：　年　月　日

管理番号	配付先	管理責任者	年月日	備　考
001	営業部			
002	○○店			

また、配付する場合には、もし旧版（似たような種類を含む）があるなら、まずそれを**必ず回収し破棄した上で、新しく作成したマニュアルを配付する**ことが原則です。

関係者（先）に新旧のマニュアルがあっては混乱するばかりですし、**盗難防止の意味でも重要です。**

これまで説明してきたことをどこまで厳格に徹底するかは、会社の規定、作成するマニュアルの内容などによっても変わってくるでしょう。

しかし、マニュアルは会社の最新・最高のノウハウ集です。社外への情報流出を防ぐためにも、その取り扱いには十分注意すべきであることを、徹底することが何より大切です。

ここまでのさまざまな手続きを踏まえて、いよいよマニュアルを使う人たちへの配付が始まります。マニュアルで成果を上げるために、「活かす仕組み」を回すスタートになります。

繰り返しますが、マニュアル作成で大切なことは、

文章テクニックではなく、

トップの思い・理念、

そして、理論と仕組み

です。

第４章のまとめ

《成果が上がるマニュアルの作り方　──ステップ２》

①　８つの要素でまとめる

②　基本フォーマットに落とし込む

③　「抵抗勢力」に対応する

④　「マニュアルチェックシート」で最終チェックする

⑤　会社の承認をもらう

⑥　現場に配付する

コラム　マニュアルでは、感動させられない？

「マニュアルを超えたサービス」
「マニュアルではできない、心からのおもてなし」
「マニュアルでは、人を感動させられない」

などなど、マニュアル型サービス、つまり、画一的・紋切り型のサービスに対する批判は、ことのほか多いものです。

誰にでも同じように対応するのは良いことのようにも思えますが、お客様というのは身勝手なもので、自分だけを特別扱いしてほしいと願っていることもあります。こちらの状況に合わせて、臨機応変に対応してほしいと思っていることもあります。これが「マニュアル」ではできません。

だから、しばしば接客上のクレームになったりします。

一見対極にあるのが、いわゆる「ホスピタリティ」。思いやりの心を持ったサービスがいかに重要かを切々と説く。かくして、

マニュアル型サービスVSホスピタリティ型サービス

という、対立の図式が組み立てられます。本当にそうなのでしょうか。

ホスピタリティ型サービスの代表格として、東京ディズニーリゾートがよく引き合いに出されます。

特に有名なのは、子どもがアイスクリームなどを落としてしまったときに、スタッフがすぐ飛んできて、「お洋服、汚れませんでしたか？」と声をかけ、そして、その場所をきれいにするとともに、新しいアイスクリームを持ってきてくれる、というシーンです。

お客様にとって、これは本当に感激しますね。「ディズニーランドっ

ていいなあー」と、まさに感動を覚える瞬間です。

ところで、これはすべて「マニュアル」に書かれていることなのです。東京ディズニーリゾートには、約300種類のマニュアルがあるといわれています。

お客様に喜んでいただけるにはどうするかを真剣に深く考えて、それをマニュアルという形にする。それをもとに、徹底した教育をする。気づいたことがあったら、どんどん取り入れていく。

東京ディズニーリゾートの「ホスピタリティ型サービス」は、これらのマニュアルによって支えられているのです。

また、顧客満足度NO,1ともいわれる、ザ・リッツ・カールトンホテル。

ここでも、すべての業務は「マニュアル」で運営されています。マニュアルをもとに、さらなるお客様の満足をみんなで考えて活かしていく。こうした繰り返しの中で、お客様の感動・満足に対するスタッフの感度が向上し、あの「ホスピタリティ」が続いているというわけです。

つまり、「マニュアルVSホスピタリティ」という図式は、そもそも成り立たないのです。

要は、いかにお客様のことを真剣に考えて「マニュアル」を作り、それを従業員への教育で徹底し共有化を図るか。そして改良を重ねていく。その結果、感動のレベルはますます上がっていきます。

マニュアルは、「ホスピタリティサービス」を作る土台だということですね。マニュアルには、それだけの力が、価値があります。誤解は受けやすいですが……。

第5章

マニュアルで人と組織を育てる

1 マニュアルを徹底的に活用する

マニュアルの「活用」の重要性については、これまで何度も説明してきました。では、実際にどのように活用していくのか、どのように活用すれば成果が上がるのか、そのための考え方と方法について見ていきます。

1 「活用」の基本的な考え方

(1) マニュアルの活用とは

膨大な時間・経費、エネルギーを費やして完成したマニュアルを、「生かすも殺すも」この活用次第、といえます。成果を上げる、という視点で考えた場合、**作成が1に対して、活用は9割にも匹敵します。**それほど「活用」が占める割合は大きいのです。

私はマニュアルの「活用」を次のように定義しています。

「習得と徹底」によって、基準を「定着」させること

つまり、日常活動の中で、きちんと実行されている状態を実現することが重要です。**「必要な人は、読んでおいてね」**では、決してないのです。

そのためには、さまざまなツールや仕組みが必要になります。なぜなら、前述したように、

マニュアルは、決して一人歩きをしない

からです。さらに、重要なことは、

マニュアルを、徹底的に「使いきる」

ということです。単に「読んだ」というレベルではなく、しっかり身につかせる、「定着」させることが、最も大事なことです。
ある会社の人がこう述べたことがあります。
「マニュアルがボロボロになるまで使いきりました。これは、私のバイブルです」
感動して聞いたことを、今も鮮明に覚えています。

繰り返しますが、「活用」とは、「基準を定着させる」ことです。

(2) マニュアルの活用を促進させるために

マニュアルの活用を促進するためには、いくつかの注意点や取り組み事項があります。この中には、作成段階から始まっていることもありますが、ここでもう一度確認し、さらに整理しておきましょう。

① 個人の制作物にしない

マニュアルは得てして、「○○さんが作ったもの」というレッテルを貼られがちです。
トップから直々に指示されたことであっても、それが会社全体で認知されていないと、「個人の制作物」になってしまいます。「○○さんが作ったマニュアル」であれば、別に拘束されることはなく、
「やりたい人がやればいい」
「必要な人が読めばいい」
という認識を持たれかねません。
また、作成を担当した人が、
「とりあえずまとめてみましたので、使ってください」

という謙虚（？）な態度をとったとしたら、なおさらです。これでは、そのマニュアルが会社の仕事の基準として認識してもらえるはずがなく、マニュアルの価値・役割を十分に発揮することはできません。

マニュアルは、全員が厳守すべき、会社の仕事の基準である

ということを、**作成前や完成後にトップから全員に明確に伝えることが、絶対に必要**です。

こうすることで、完成したマニュアルに**“お墨つき”**を与えることになります。この「錦の御旗」があるかないかで、社員の受け止め方がまったく違ってきます。さらに、「人事評価とも連動させる」といったことをつけ加えれば、決定的に変わってきます。マニュアルに権威づけをすることが、活用を促進させる上で、非常に重要です。

②　社内告知・啓蒙活動に取り組む

マニュアルを作成していること、できたことを知らない人は意外と多いものです。

“知らせる”取り組みは、作成の段階から、全員を巻き込む活動にしていくためにも、早くから始めることが必要です。社内報やイントラネット、各種会議などを利用して、作成の進捗状況や問題・課題を報告し、みんなの関心・注目を集めるようにします。「マニュアル」の現状を全員で共有化する、ということです。

こうした取り組みをしっかりしておかないと、

「何かやっているみたいだけど、自分には関係がない」

「自分は何も聞いていない」

「新人さん（だけ）が必要なんでしょ」

などと自分事としてとらえない社員が必ず出てきます。また、この活動は抵抗勢力の芽を早い段階で摘むことにもなります。社内告知・啓蒙活動は、意図的・計画的に考えて取り組んでいきましょう。

③　ベテラン社員から周知徹底する

ベテラン社員がそのマニュアルを使わなければ、新人は使わない

ということを肝に銘じておくべきです。なぜなら、新人への影響力は、マニュアルよりベテラン社員のほうがはるかに強いからです。ベテラン社員がマニュアル通りにやらなければ、新人はやるはずがありません。従って、まずは**ベテラン社員への教育を先行させる**ことが重要になります。**ベテラン社員に対して、作成したマニュアル、つまり、新しい仕事の基準、新しい仕事のやり方を徹底的に教え込まなければなりません。**ある会社では、その教育期間中は、

「必ずマニュアルをそばにおいて作業をするように」

と決め、上司が常にそれをチェックすることにしたそうです。そうでもしなければ、

「つい、今までのやり方で仕事をしてしまう」

ことになるからです。これまでなじんだやり方を変えるということは、並大抵のことではありません。

ここでも強制力を徹底することが大事になります。

ベテラン社員への教育は、1カ月程度をかけるのが普通です。また、ベテラン社員に対しては、

新人に、マニュアルに対する否定的なことは、絶対に言わない

ということを約束してもらいます。この重要性は、ここまでお読みになった方なら分かることだと思います。**マニュアルの活用がうまく軌道に乗るかは、このベテラン社員の認識・対応が大きく影響**

してきます。ベテラン社員への対策は、非常に重要な取り組みです。

④ “イベント”的活動にして、全員を巻き込む

ある会社では、**各部署の取り組み状況やマニュアル習得計画の達成率などを「活用レポート」にして、全員に配付**したり、掲示板に貼ったりしています。マニュアルの活用情報を共有することで、相互に良い刺激となる取り組みになっています。

また、ある会社では、マニュアルをもとにした「技能コンテスト」「技能テスト」に、全社を挙げて取り組んでいます。これにはトップ自らも参加して盛り上げに一役買っているそうです。

さらに、毎週月曜日の午前中を**「マニュアル活用デー」と決めて、マニュアルの勉強会や振り返りに活用している**会社もあります。

会社の状況にあわせて、また社員のアイデアを集めることで、さまざまで活発な活用方法が考えられることでしょう。

このように、**嫌でも取り組まなければならない環境を作り出し、具体的な取り組みを通して「マニュアル」を身近なものにしていく**のです。マニュアルが身近な存在として認知されているとしたら、それは最も上手にマニュアルが「活用」されているという、何よりの証になります。

いかに会社全体を巻き込んで進めるかが、「活用」を左右する大きな要因です。

⑤ 業務改善活動と連動させる

マニュアルに対する反発や意見の中には、**業務改善につながる**内容が多いものです。マニュアルの導入と併せて、**業務改善活動を進**

めることが必要です。

すでに業務改善に取り組んでいるなら、それと連動させる。そうでないなら、これを機会に業務改善に取り組んでいくということです。**マニュアルと業務改善は、コインの裏表の関係です。同時に取り組むことで、問題意識や改善意識を養うこともできます。これは否応なく現場力（現場での問題解決力）を鍛えることになります。相乗効果が上がります。**

⑥ 改訂を共有化し、仕組みにする

マニュアルの導入は、時として**「寝た子を起こす」**ことになります。これまで表立っては問題が出ていなかった会社に、「会社の仕事の基準だから全員厳守」などと物騒な掛け声がかかると、状況が一変する場合があります。なぜなら、今までのやり方を否定するということにもなるからです。そして、その多くは“反発”という形で吹き出してきます。マニュアルが、これまで眠っていた“問題”に火をつけてしまったのです。

しかし実は、この状況は歓迎すべきことなのです。**今まで隠れていた、見えなかった問題が顕在化してきたということは、マニュアルの改善や業務の改善につながる絶好の機会になる**のです。

「このやり方じゃできませんよ」

「この項目を入れるなら、○○も入れなきゃダメだと思います」

などと言われたら、

「ありがとうございます。ぜひ、提案してください」

と応じることです。

気づいたことや修正点などは、どんどん提案してもらう。反発も一つの意見です。意見である以上、それを尊重し、また発言した人

はそれに責任を持たなければなりません。

こうした反発の多くは、

「マニュアルは、固定したもの」

という捉え方からきています。しかし、

「マニュアルは、現在進行形である」

という捉え方で考えると、その反発を受け入れるのはそれほど難しいことではありません。

それは、**改訂することで解決する**からです。

「改訂版で対応する」ということは、反発のハードルを下げることになります。反発や意見を出しやすく、言いやすくさせるからです。さらに言えば、自分の提案が採用されることにもなりますから、感情的な反発から建設的な意見へと変わっていくことが往々にしてあります。そして、そこには責任というものが出てきます。

「気づいたことをどんどん言ってください。改訂版で対応しますから」

マニュアルを改訂する、それも定期的に改訂する、ということを知らせる、全員がそのことを共有化する。つまり、改訂を仕組みにすることは、「活用」の促進にとって、非常に大きな意味があります。

⑦　人事（評価）制度に組み込む

人事制度の評価項目に取り入れることで、活用の度合いは格段に上がります。

具体的に言えば、マニュアル通りの作業をしなければ、その業務の評価をマイナス評定にする、ということです。こうなると、真剣に取り組まざるを得なくなります。

ある会社では、評価基準表に、

「マニュアル通りに○○ができる」

という言葉が頻繁に登場してきます。マニュアルが活用されていないことに業を煮やしたトップが、

「仕事がマニュアル通りにできなければ、評価はマイナスになります」と宣言したのです。

マニュアルは、**人事評価制度と連動させると絶大な効果が期待できる**ものです。

マニュアルで習得した知識や技能が正当に評価されることは、学ぶ側にとってもやる気の向上につながります。また、この取り組みは、**マニュアルに対するトップの明確な意志を会社全体に知らせる**うえでも、非常に有効です。

《マニュアルの活用を促進するポイント》

① 個人の制作物にしない
② 社内告知・啓蒙活動に取り組む
③ ベテラン社員から周知徹底する
④ “イベント”的活動にして、全員を巻き込む
⑤ 業務改善活動と連動させる
⑥ 改訂を共有化し、仕組みにする
⑦ 人事（評価）制度に組み込む

2 「活用」の基本ステップ

《活用の基本ステップ》

① ステップ１：マニュアル勉強会の実施
② ステップ２：現場での実習
③ ステップ３：マニュアルの徹底
④ ステップ４：気づき・改善点の収集

（１）ステップ１：マニュアル勉強会の実施

マニュアルの活用は、マニュアル勉強会から始まります。

この勉強会は、仕事をする人が業務のノウハウを学ぶだけではなく、**マニュアルの役割や重要性を理解し共有する場**としての位置づけです。したがって、勉強会はこの理解・確認から始めます。この捉え方が違っていると、後々問題が出てきますので、最初にしっかり確認しておくことが大切です。

勉強会の参加者は、あまり大人数にしないようにします。内容や対象者の総数にもよりますが、２～３人程度で実施すると効果的です。時間は、30分から長くても２～３時間程度で収まるように計画します。

時間よりも回数を多くしたほうが良いでしょう。長くなりそうな場合は区切りの良いところでいったん終了し、次回に持ち越します。

マニュアルの内容は、**一つひとつ声に出して読み合わせ**をします。声に出すことで、より理解が深まります。座学での読み合わせ終了後、内容によっては、勉強会の場で実際に練習することも必要です。

また、質問はどんどん受けるようにします。重要なことは、「教える」ことではなく、「理解したかどうか」を確認することです。

マニュアル勉強会の主な内容は、以下の通りです。

> **① マニュアルの役割や重要性を確認する**
> **② １作業（項目）ごとに、マニュアルに沿って目的から順に読み合わせをする**
> **③ 補足説明をする（体験談を入れるなど）**
> **④ 質疑応答**
> **⑤ 理解を確認する**

（2）ステップ２：現場での実習

勉強会終了後、現場に移動します（勉強会と別の日でも問題ありません）。

マニュアル通りに、一度現場で実習します。その後、**マニュアル通りにできるまで繰り返し練習**させます。

この「現場での実習」は、内容によって大きく変わります。しかし、重要なことは、マニュアルに書かれていることをまずしっかりと覚えてもらうことです。現場で起こるさまざまなケースをむやみに説明することは、参加者の混乱をまねくばかりです。**基本（型）を習得させること、これが現場での実習の一番の目的**です。

（3）ステップ３：マニュアルの徹底

現場での実習後、１週間以内に「習得確認シート」や「理解度テスト」を活用して、マニュアルの習得度合いを評価します。評価結果が良くない場合は、**マニュアルに戻って内容を再確認し、「勉強会の実施→現場での実習」を繰り返し、基本（型）を徹底的に習得してもらいます。**

ここで、「マニュアルの徹底」で活用するツールについて説明します。

①　習得確認シート

「習得確認シート」の目的は、**明確な習得の確認と評価反映による意欲の向上**です。勉強会での学習とこのシートなどでの評価を一体のものとして考えます。

「習得確認シート」は、業務ごとに作成するのが基本ですが、その内容の質や量によって、たとえば、章（大項目）や中項目ごとにまとめて作成することも可能です。つまり、複数の業務を１枚のシートにまとめるということです。

また、１つのシートにチェック項目は20問以内を目安にします。チェック項目があまり多いと、時間がかかりすぎるからです。

このチェックは、自己チェックだけで済ませるのではなく、上司（トレーナー）にもチェックしてもらうことで、

「自分ではできていると思っていたが、ほかの人から見ればそうではなかった」

という気づきにつながります。この**「自分で気づいて、自分でマニュアルを再確認する」**ことが非常に大切です。

いずれにしても、**合格させることが目的ではなく、この評価によって必要なことを確実に習得してもらうことが最大の目的であるこ**

図46　習得確認シート（チェック項目の記述例）

業務マニュアル習得確認シート

納品

実施日	○○年○○月○○日
所属	□□□
氏名	△△△
トレーナー名	▽▽▽

○……できている
×……できていない

No.	項目	本人チェック	トレーナーチェック
1	作業の目的を理解している		
2	納品確認は必ず2名で行っている		
3	専用端末の必要な操作ができる		
4	納品予定の商品と納品された現物との一致確認が素早くできる		
5	納品された商品の検品ができる		
6	商品を決められた場所に収納できる		
7	収納は、先入れ先出しで行っている		
8	納品確認の結果を速やかに上司に報告できる		
9	納品確認の一連の作業が、10分以内にできる		
10	開店前に納品確認の一連の作業を完了させている		
11			
12			
13			
14			
15			
16			
17			
18			
19			
20			

◆気付いた点・反省点

とを忘れないようにしましょう。

以下に、チェック項目づくりの注意点や書き方について整理しておきます。

チェック項目づくりの注意点は次の３つです。

> ① **評価（習得確認）が明確にできる点を項目にする**
> **【例】正確に○○の操作（対応）ができる**
> ② **必ずマニュアルに書いてあることを項目にする**
> **・応用編的な内容・項目にしない**
> ③ **作業の重要度・難易度、ミス・トラブルの発生頻度などを踏まえ、優先順位をつけて作成する**
> **・最初から全業務のシートを作るのではなく、徐々に増やしていく**

チェック項目の書き方・まとめ方のポイントは以下の４つです。

> ① **ポジティブ（肯定的）な表現にする（否定形は使わない）**
> ② **迷わずにチェックできるように、具体的に記述する**
> ③ **１項目に１つの内容にする（あれもこれも入れない）**
> ④ **知識は、「理解している」「説明できる」などと表現する**

なお、上司ともに全項目が「０」で合格、という基準にします。

② 理解度テスト

「理解度テスト」は、知識の理解度を確認するために活用します。

これも「習得確認シート」と同じように、あくまで**習得確認が目的**です。できなかったところをマニュアルに戻って再確認してもらい、確実な理解や習得につなげます。

この「理解度テスト」は、マニュアルのテーマや内容によって、その量や回数は大きく変わります。

「理解度テスト」は、Ａ４サイズ１～２枚程度で作ります。出題方式は選択方式などにして、あまり難しくないようにします。

テストの時間は、1回15分から20分程度。必要に応じて、回数を増やします。「習得確認シート」で取り上げた項目を、知識に置き換えて出題することも可能です。重要な項目は、出題方式を変えて繰り返し出題し、より早く確実に習得させるようにします。

また、テスト終了後に解答を配付し、自己採点方式にするのが良いでしょう。間違った問題を、マニュアルに戻って自分で再確認するのが狙いです。基本的には、「満点」で合格です。

図47　理解度テストの例

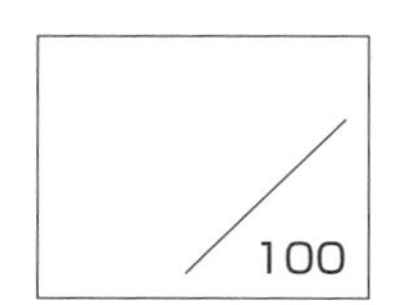

○○○○年○月○日

所属	氏名

1．次の文章の空欄に当てはまる言葉を下記から選びなさい。

①いつも［　　　　］で接客することが大切です。

②いつも［　　　　］の満足を考えて仕事をします。

行動・お客様・整理・笑顔・管理

2．接客態度について、正しい項目には○を

出題は、次に示す５つの方式が主なものです。完全記述方式や穴埋め問題は、暗記していないと解答できないので、この方式で出題するときは、十分検討することが必要です。

【出題方式の種類】

①　完全記述方式

【例】○○作業の心構えを、３つ書きなさい。

②　穴埋め問題（一部記述問題）

【例】適切な語句を□内に記入しなさい。

③　選択問題

【例】適切な語句を下記から選び、その番号を記入しなさい。

④　○×問題

【例】次の文章を読み、正しいと思うものには○、間違っているものには×を記入しなさい。

⑤　並べ替え問題

【例】～の基本ステップを、正しい順番に並べ替えなさい。

次に、評価方法について説明します。

主な評価方法は、次の４つがあります。評価項目によって、それぞれの評価方法を取り入れて評価していきます。

評価方法		内　容
1	観察する	対象者の態度・接客方法・仕事の仕方などを、よく観察して評価する
2	質問する	チェック項目について質問し、正確に答えることができるかどうかを評価する
3	実際にやってもらう	チェック項目について、実際にやってもらい、マニュアル通りにできるかどうかを評価する
4	試験（テスト）をする	どれだけ理解しているのかを評価する

（4）ステップ４：気づき・改善点の収集

以下の各プロセスで、気づいた点や改善点などをメモしておきます。

「マニュアル勉強会の実施」

「現場での実習」

「マニュアルの徹底」

また、対象者の意見・提案もできる限り収集します。

今回作成したマニュアルは、次のマニュアルにつながる**タタキ台**です。**このタタキ台があることで、マニュアルを改善するための意見・提案が収集しやすくなります。**

さらに、こうした取り組みの中で、対象者の参画意識を養うこともできます。ただし、すべての意見・提案が採用されるわけではありません。くわしくは、次の「マニュアルの改訂」で説明します。

3 「マニュアル活用報告会」の開催

マニュアル活用の基本ステップに沿って取り組んだ2〜3カ月後に、「マニュアル活用報告会」を実施します。マニュアルの捉え方や重要性、今後の問題・課題について社内で共通の理解を得るうえで、**幹部の出席は、非常に重要**になります。

マニュアル作成は会社（仕事）の基準づくりですから、他部門や会社全体を巻き込むことは必然といってもよいものです。また、幹部からの積極的な評価をもらえるかどうかで、今後の活動の盛り上がりに大きな影響を与えます。

繰り返しますが、この**「マニュアル活用報告会」は、マニュアルの活用を推進させていくうえで必須の取り組み**だと言えます。

（1） 目的

「マニュアル活用報告会」は、どのような成果が上がったのか、**今後の問題・課題などを社内で共有し、マニュアルの活用を推進させていく**ことが目的です。

また、頑張って取り組んできた人たち（部署やチーム）にとって、これまでの活動を振り返り、成果を確認する機会になります。この

「活用報告会」で自分たちの活動が評価されると、さらに積極的にマニュアルに関わっていくことにもつながります。

必ず実施したほうが良い、非常に重要な取り組みです。

（2） 方法

マニュアルの活動報告は、活動内容をパワーポイントなどで数枚にまとめ、15分程度で発表します。

できるだけ関わった全員が発表を担当するようにします。事前に発表の練習をして、緊張感をもって本番に臨みます。

報告内容は、大きく４つの項目でまとめます。

① 活用の取り組み

どのような取り組みをしたかを、具体的に記述します。たとえば、「毎週勉強会を実施」した場合は、

- 毎週水曜日９時から30分間実施。計10回、５時間
- 内容：項目ごとの読み合わせとロールプレイの実施
- 進め方：司会を持ち回りにして実施。声に出して読み合わせをした。

などのように記述します。順調に進んだ、「忙しくてできなかった」などの抽象的な表現ではなく、数値などを入れて具体的に記述します。

② 具体的な成果

実際にマニュアルを活用してみて、どのような気づきや改善点があったかなどについて具体的に記述します。たとえば、

- 自己流で仕事をしていたことが分かった→具体例を入れる

●改善提案が多く出た　→　総数○件（修正○件、追加○件）
　＋代表的な提案例を紹介する

などと、これもできるだけ数値を入れて記述します。

さらに、実際にマニュアルで教育を受けた人の生の声を列挙することも大切です。

最後に、マニュアルで得られた成果を記述します。このとき、Ｂｅｆｏｒｅ→Ａｆｔｅｒで比較することで成果を明確に表現するようにします。

たとえば、以下のようにまとめます。

●作業時間…30分が20分に短縮　→　10分削減できた！

このように、できるだけ数値で表すことが重要です。

③　活用上の問題・課題

実際に活用してみて、どのような問題・課題があったかを記述します。このとき、その原因と対策などまで記述するようにします。たとえば、次のように記述します。

●勉強会をする時間が不足
→　早番と遅番があり、全員が集まった勉強会は難しかったが、引き継ぎ時間を20分延長することで対応できた。

④　今後に向けての提案

ここでは、積極的にマニュアルを活用するうえで必要と思われることや新しく作成したいマニュアルのテーマなどを提案します。

記述する内容については、以上の４項目を入れてまとめます。この報告の全体が、“感想文”にならないように注意し、ここでも、活動の見える化・数値化をめざすことが必要です。

報告内容の項目例は以下の通りです。

1　活用の取り組み
2　具体的な成果
3　活用上の問題・課題
4　今後に向けての提案

（3）　出席者

社長はもちろん、会社の幹部、発表者の上司、他部門の幹部にも参加してもらうことが必要です。

「マニュアルの活用報告会」のプログラム例は次の通りです。

1　作成リーダーの挨拶
　●マニュアル化に取り組んだ背景・目的
2　完成したマニュアルについての説明
3　マニュアルの活用報告
4　質疑応答
5　社長や幹部の挨拶
（全体で、１時間程度）

4　マニュアルの「活用」を阻む抵抗勢力

「作成」のところでも説明しましたが、この抵抗勢力、活用段階ではさらにパワーアップして登場してきます。いざマニュアルが完成し、「全員厳守」という掛け声がかかると、この抵抗勢力との戦いが再燃します。

ところで、抵抗勢力というレッテルを貼っていますが、その抵抗の程度や内容はさまざまです。また、本人にはそのような自覚が毛頭ない場合も少なくありません。

しかし、この人たちは結果として、次のような行動をとってしまいます。

「マニュアルを活用しない」
「マニュアルに書いてあることを守らない」
「マニュアル通りに仕事をしない」

この行動は、「マニュアル活用」を大きく停滞させる原因になります。こうした自覚に乏しい抵抗勢力への特徴について見てみます。

①使わない理由を言う

「忙しくて、マニュアルを使う時間がない」
「使い方がよく分からない」
「内容が古い」
「一度、読みました」
「見る（使う）ように言っています」
「自分は特に困っていないので……」

活用状況について質問すると、このような回答をする人がいます。マニュアルの役割・重要性を理解できていたら、このような反応はしないものです。

②根強い偏見・誤解を持っている

「仕事は、人それぞれ」
「マニュアルは、初心者（新人）が覚えるもの」

「自分のやり方と違う（だから使わない）」
「現実は、マニュアル通りにいかない」

マニュアルに対する偏見・誤解は、本当に根深いものがあります。特に、**「習うより、慣れろ」で育ってきた人たちにとって、マニュアルで簡単に仕事を覚えることには、心理的抵抗感が強い**ようです。

③新しいものに対する反発や文句が多い

「内容が実際と違う」
「もっと良いやり方がある」
「マニュアルはきれいごと（理想形）だ」
「これをマニュアルにするくらいなら、こっちのほうが……」

マニュアルを導入すると、多くの反発が起きます。これまでそれなりに“穏やかに”仕事をしてきたのに、突然、「仕事の基準だ」、やれ「全員厳守だ」などと言われて、ビックリしてしまう。

マニュアルは、問題を顕在化させます。これまで眠っていた、不満・不便、ムダ・ムラ・ムリなことが一斉に吹き出してくるのです。

④周囲にネガティブな考えを広める

「マニュアルでは、モノが売れない」
「カタチより、心が重要」
「仕事は、個性やオリジナリティが大事」

こうしたことを、特に初心者（新人）に対して話す先輩社員がいます。多くの初心者（新人）にとって、マニュアルより先輩社員が言っていることのほうが、絶大な影響を与えます。こうした**先輩社員の発言や態度は、マニュアル活用の成否を左右する**と言っても過言ではありません。

こうした「抵抗勢力」への対応は、基本的には「作成」のところで説明してきたことと同じです。

- **抵抗勢力になることは、損であることを気づいてもらう**
- **勝手な思い込みや言い訳を捨ててもらう**
- **排除するのではなく、巻き込んで解決する**

「活用」は、さまざまな取り組みを必要としています。それらを上手に活用し、彼らを巻き込んで進めることで、**抵抗勢力をマニュアル推進勢力に変える**、ことが大切です。

ある小さな会社の社長が、高らかに宣言しました。
「これからマニュアルを使い切り、使い倒します！」
「活用」とは、まさにトップの思い、そのものです。

「活用」を促進するためには、トップが上手に強制力を使い、強いリーダーシップを発揮することが、不可欠になります。マニュアル活用の「旗」を、しっかり振り続けることが非常に重要です。

2 マニュアルの改訂を繰り返す

マニュアルの成果を上げ続けるためには、改訂が不可欠です。現場の知恵や状況の変化を積極的にマニュアルに反映させていくことで、その精度はさらに上がっていきます。

マニュアルの基本サイクル（作成・活用・改訂）の最後のステップになる「改訂」について説明していきます。

1 「改訂」の基本的な考え方

（1）マニュアルの「改訂」とは

マニュアルの「改訂」とは、

作成した基準を変化に合わせて「進化」させること

と定義しています。

前述したように、

「マニュアルは、変化に対応しなければ、すぐ古くなる」のです。

ですから、マニュアルで成果を上げ続けていくためには、**改訂は必須条件**になります。

それも古くなったから改訂するということではなく、変化に対して積極的に改訂するという、**「待ち」から「攻め」の改訂**という考え方が必要です。

また、これまで何度も説明してきましたが

「マニュアルは、意見を出させるタタキ台」

としての役割を持っています。**意見や気づきなど現場で日々生み**

出される知恵やノウハウを引き出し反映させる効果的なツールでもあります。これらは、**マニュアルにとって最も重要な使命であり役割**だといえます。

この使命・役割を遂行するためには、マニュアルを定期的に改訂する、つまり、**改訂を仕組みにする**ことが必要になります。

改訂は、年に２回（春と秋など）定期的に行います。重要なことは、**年２回改訂するということを会社全体で共有しておくこと、そして、その時期が来たら全員に告知する**、ということです。

このように改訂の仕組みを明確にすることで、**「作成→活用→改訂」の基本サイクル**が回り始めます。

２　「改訂」のサイクルを回す

改訂のサイクルを回す始めの一歩が、前述した「マニュアル活用報告会」です。

この**「マニュアル活用報告会」の開催後に、１回目の改訂に取り組み**ます。つまり、**「マニュアル活用報告会」は、マニュアルの改訂において必須の取り組み**になります。

「マニュアル活用報告会」では、活用のプロセスで気づいた点・修正などが多数報告されてきます。これをもとに、早速「改訂」に取り組みます。

「マニュアル活用報告会」の前に作成したマニュアルは「初版」ですが、この「初版」というタタキ台を利用して、より多くの人たちの意見・提案を吸い上げます。

つまり、**最初のマニュアルを活用することによって出された**

意見・提案を取り入れた、この１回目の改訂版こそが、本当の意味で初版といえるものになります。

マニュアルの初版と改訂版の流れは以下のとおりです。

マニュアルの初版・完成

⬇

活　用　●２～３カ月間活用、意見・提案の収集

⬇

マニュアル活用報告会

⬇

１回目の改訂版づくり

改訂版の発行・配付

⋮

以後、定期改訂版づくり

繰り返しますが、１回目の改訂は、「マニュアル活用報告会」の開催直後に行います。その後は、年２回の定期改訂になります。

３　「改訂」のルールを作る

（１）ルールの基本

マニュアルは、会社の基準です。全員が厳守しなければならない仕事のルールです。

従って、**さまざまな意見・提案を無原則に採用することはできません。**しかるべき部署や担当が、しっかり検討することが必要です。

また、現場で勝手に変更して「○○版」などの**ローカルルール**（ある拠点・現場だけで通用するルール）の存在を許しては、会社公認のマニュアルの価値・評価を下げることになります。

会社が認めるマニュアルは１つです。２つも３つも基準があるようでは、基準の意味がなくなります。

- **勝手に変更させない（変更しない）**
- **勝手に作らせない（作らない）**

これが、マニュアルの改訂に関わる原則です。この２つを厳守しなければなりません。

「店舗ごとに創意工夫を発揮させる」、このことを奨励している会社があります。基本姿勢としては問題ありませんが、ことマニュアルに関しては考えものです。先に述べた２つの原則を厳守しなければ、ローカルルールが蔓延してしまうことになります。店舗で生まれた創意工夫を、しかるべき機関が吸い上げ、迅速にマニュアルに反映させていく。これが基本となる考えです。

（２）改訂のルール

①「マニュアル改訂依頼書」で申請する

マニュアル改訂の提案は、「マニュアル改訂依頼書」を使用して、正式に申請するようにします。

会社（仕事）の基準に対する提案です。

「こんなふうに変えたらどうかな」といったことを口頭で言われても困ります。

“感想や思いつき”を意見・提案の形にしてもらうことで、より具体的になり、また提案者としての自覚・責任が生まれます。

② 改訂時期を明確にする

マニュアルは、１年に２回を基準に定期的（例：３月・９月）に改訂します。

変更要請に対して、その都度対応するのは大変です。時期を決めることで、**その時期に向けてそれぞれの現場で、意見や提案の準備をしてもらいます**。また、この時期を会社全体で共有しておくことが大事です。ただし、緊急性のある事案が発生した場合は、その内容を「臨時便」「特別号」などとして配付し、定期改訂のときに、マニュアルの改訂版の中に組みましょう。

余談ですが、改訂は１年に２回ではなく、もっと多くしたほうが良いのです。時代・状況が目まぐるしく変化する環境では、基本サイクル（作成・活用・改訂）を高速に回すことが求められています。

筆者もある会社のマニュアル改訂を年４回お手伝いしたことがあります。しかし、担当部署（ほかの業務と兼務）の負担があまりに大きすぎて、中止になりました。ですので、最低１年に２回は改訂してほしいという意味でご理解ください。

③ 改訂年月日、改訂履歴を明記する

マニュアルは、いつ改訂された版であるかが、見てすぐに分かるように、改訂版を発行した年月日を明記します。表紙のマニュアル名の下に明記するのが一般的です。これは、**最新版が常に現場に配付されるようにするうえでも必要**です。

また、**改訂履歴（改訂時期、改訂箇所、改訂内容など）を明記することで、マニュアル勉強会などでの活用がしやすくなります**。

④　新・旧マニュアルを共存させない

新しい改訂版のマニュアルは、旧版のマニュアル配付先（部署）から旧版のマニュアルをすべて撤去（回収）した後に、配付します。

こうしなければ、

「どれが改訂された最新のマニュアルか分からない」

ということになってしまうからです。

⑤　旧版マニュアルの撤去・廃棄の徹底

同じ場所に新・旧マニュアルを共存させると混乱の元になります。

現場には、常に新しいマニュアルしか存在しないことが、大前提です。したがって、現場に任せるのではなく、旧版のマニュアルの撤去や廃棄は、マニュアルの担当部署（担当者）が責任を持って、確実に行ないます。

マニュアルは、会社の知的財産であり、社外秘扱いです。会社の貴重なノウハウが流出するようなことがあってはいけません。

新・旧マニュアルの配付手順は次のとおりです。

改訂版（最新版）を作成する　➡旧版を現場から回収する　➡新版を配付する　➡旧版を廃棄する

⑥　マニュアル担当部署（担当者）を明確にする

マニュアルの発行または改訂は、権限を与えられた部署または担当者が、**「マニュアル管理台帳」をもとに管理**します。責任の所在を明らかにすることで、基本サイクル（作成・活用・改訂）が確実に回ります。

マニュアルの改訂ルールの例を紹介します。

1　マニュアルの改訂は、「マニュアル改訂依頼書」に、その趣旨を明記して申請する。
2　マニュアルは、定期的（例：3月、9月）に改訂する。
3　改訂版には、改訂した年月日を記載し、その改訂履歴をつける。
4　新しい改訂版は、旧版のマニュアルを配付先からすべて撤去（回収）した後に、配付する。
5　旧版のマニュアルの撤去・廃棄は、担当部署または担当者が責任を持って、確実に行う。
6　マニュアルの発行または改訂は、権限を与えられた部署または担当者が実施し、「マニュアル管理台帳」で管理する。

4　「改訂」の進め方

（1）意見・提案などの収集

現場の「声」の収集は、マニュアルの作成段階から始まっています。

しかし、一番多く収集できるのは、マニュアルを仕事の中で使ってみたとき、つまり活用段階です。マニュアルという見える形になることで、会社（職場）にいろいろな問題を顕在化させます。

ただし、現場の声の収集といっても、
「はい、分かりました。すぐに提案します」
と、簡単に出てくるものではありません。マニュアルに基づいて仕事をするということが、“当たり前”になるまでは、**半ば強制的に意見や提案を収集する**ことも必要です。「一人最低5個以上提案」といった数値目標を課して集めている会社もあります。こうでもしなければ、マニュアルの改訂を自分の問題として捉えることができない人が多いということです。

マニュアルに対する意見・提案は、**「マニュアル改訂依頼書」**を配付して現場から収集します。

定型的なフォーマットになっていると意見が出やすいものです。

マニュアル改訂依頼書

年　月　　日

所属：○○○○
氏名：○○○○

■改訂依頼（どれかに○を付ける）
修正・追加・削除・新規・その他

1　マニュアル名

2　趣旨

3　内容

4　その他

ただし、マニュアルを配付して最初の改訂をするときは、マニュアル勉強会や「活用報告会」などで出された意見などをもとに、マニュアルを作成した人がまとめる、という方法もあります。

重要なことは、**現場の声を吸い上げる**ということです。

（2）意見・提案などへの対応

マニュアルのテーマにもよりますが、「マニュアル改訂依頼書」によって集められた意見・提案は、膨大な数になることがあります。これらの意見・提案を分類して、しっかり検討していかなければなりません。

意見・提案の分類は次のとおりです。

① 修正――語句、用語などの修正・変更

② 追加――手順やポイント、説明文の追加

③ 削除――項目や内容の削除

④ 新規――同じテーマ（マニュアル）の新しい項目などの提案

⑤ その他――気づいた点、要望、別のテーマのマニュアルの提案など

一つひとつの意見・提案内容を、**改訂の評価基準**に沿って検討していきます。これらの作業は、マニュアルの作成・管理に関わる担当部署や担当者が行います。

改訂の評価基準は次のとおりです。

- **再現性があるか―誰がやっても、同じようにできるか**
- **（改訂前より）正確にできるか**
- **（改訂前より）早くできるか**

➡ 「会社（仕事）の基準」として、適切かどうか判断する

これらの評価基準を満たさない意見・提案は、採用しません。

このとき、**改訂前とまったく正反対の提案や作業時間が大幅に違う提案などがあった場合は、現場で実際に検証して判断します**。

また、新規の提案については、安易に採用・不採用の判断をするのではなく、実際にできることなのか、どのような効果が見込めるのか、などといった基準でしっかり検討することが必要です。

（3）改訂で気をつけること

マニュアルの追加や新規では、**提案した本人に原稿を書いてもらう**ことが大切です。

原稿のフォーマットを渡して、「第一稿」を書いてもらい、それを検討していきます。これは、より多くの人をマニュアルづくりに巻き込むという意味でも重要なことです。

また、意見や提案をしてくれた人には感謝し、**検討の結果を公表する**ことで、マニュアルづくりを全員が参画する活動へとつなげていきます。

一方、提案を**「不採用」にした場合には、その理由を提案した本人に直接説明する**ことが大切です。

そうしなければ、

「せっかく提案をしたのに、何も言ってこない！」と不満を持たれて、**“抵抗勢力”に回ってしまう**ことにもなりかねません。このような連絡の配慮は、怠らないように注意します。

改訂で気をつけることは次のとおりです。

- 提案した本人に原稿を書いてもらう
- 検討の結果を公表する
- 「不採用」の場合は、直接本人に説明する

➡ より多くの人を巻き込むことを、常に考える

重要なことは、現場の声を吸い上げることを通して、より多くの人をマニュアルづくり（作成・活用・改訂）に巻き込んでいくことです。

こうした地道な取り組みが、会社における「マニュアル」の認知度を高め、「作成➡活用➡改訂」の基本サイクルを回す原動力になっていきます。

この認識と自覚を持って、マニュアルづくりに取り組むことが必要です。

マニュアルは、改訂してこそ成果が上がる
マニュアルの改訂を繰り返すことで、成果が最大化する

3 マニュアルが、人と組織を育てる

第２章でも述べたように、マニュアルが果たす、貢献する役割の中で、「人材の育成」は最も成果が表れやすいものです。「できない（知らない）人を、できるようにする」、それも頭の良さなどに関係なく、誰でも同じようにできるようになる。

このマニュアルの力を有効に活用することで、能力アップやさらに定着率の向上につなげることができます。一冊のマニュアルが、その力を持っているのです。

一冊のマニュアルが、人を育て、人を戦力にする

最新・最高のノウハウを、マニュアルで効率的・効果的に学ぶ。マニュアルで、効率的・効果的に人を育てる。**マニュアルは、最高の育成ツール・仕組み**なのです。

また、

「小さな業務改善が、多くなりました」

「マニュアルをもとにした、技能試験や実技のコンテストをするようになりました」

「会議の進め方が変わりました」

などといった報告を実際に受け取っています。

マニュアルを作成することを通して鍛えられるさまざまなスキルは、言うまでもなく、人を鍛え成長させます。それは、**仕事の質の向上や業務の効率化といった組織運営上のさまざまな問題の解決**に

もつながっていきます。

組織は人で構成されています。その人が成長・変化したら、組織も成長・変化するのは至極当たり前のことです。

そして、組織の仕事のやり方が、最も良い仕事のやり方に変わっていくということは、マネジメントも変わっていかざるを得ないことを意味しています。目標の提示、指示・命令の仕方、指導方法、改善意識など日常のさまざまな活動に影響が及んできます。

人の成長に合わせて、組織もまた成長していかなければならないのです。

一冊のマニュアルが、組織を変え、組織を育てる

マニュアルには最も良い仕事のやり方が、基準としてまとめられています。ＰＤＣＡのサイクルでその精度が上がり、マニュアルの存在感も増がっていく。いわゆる**善循環の仕組みが機能し始めます。**

従って、このサイクルを回し続けることで、マニュアルの成果をより大きなものにしていくことができるのです。

マニュアルのＰＤＣＡが、人を育て、会社を育てる

これまで述べてきたように、マニュアルのサイクルを回すことで、さまざまな成果が生み出されます。マニュアルは、会社にとって必要な項目を最も良い仕事のやり方としてまとめ、それを会社の仕事の基準として習得させる仕組みです。それは、

- **最も良い（効率的・効果的）仕事のやり方が決まる**
- **最も効果的な教育ツールとして、人を育成できる**
- **成長した人材が、組織の力を強化する**

ということにつながります。

会社の仕事が、最も良いやり方で行われている。それも、全員に徹底している。言葉にするのは簡単ですが、これはすごいことです。なかなかできないことです。

しかし、**一冊のマニュアルを切り口、突破口**にして、可能にすることができます。

マニュアルの基本サイクルを回し続ける力、徹底する力。その力は、会社経営のあらゆる分野での力として発揮されていきます。「会社」も鍛えられるのです。

マニュアルを、会社（経営）の武器にする　――まとめにかえて

これまで、「マニュアル」が貢献できること、その威力について見てきました。その“捉え方”や“活かし方”によって、「マニュアル」は組織変革の重要なツールにもなれば、考える力を失わせて人間をダメにしてしまうものにもなるのです。本当に“捉え方”というのは重要だと思います。

「マニュアル」を、成果を上げるツール、活動・仕組みとして、積極的に評価する。これが筆者の立場です。

最後に、もう一度整理しておきましょう。

マニュアルが貢献する領域は次の３つです。

１　人材育成　（業務スキルの習得・向上）
２　業務改善　（業務の見える化・効率化）
３　業績向上　（ベクトル合わせ・一体感づくり）

こうして見ると、「マニュアル」が活躍できる領域が広いということが分かります。

本書では、「成果」を上げるためには、従来の偏見・錯覚・誤解を取り除いて、もっと積極的に「マニュアル」を活用しようという立場で解説してきました。それだけの価値・威力が、「マニュアル」にはあるからです。

特に、次の点については再度整理しておきたいと思います。

① 「マニュアル」は、会社の基準
- 全員が習得しなければならない決まりごと

② 「マニュアル」は、問題を顕在化させる
- 気づきや問題点をあぶり出すツール

③ 「マニュアル」は、タタキ台、検証のツール
- 検証がしやすく、改善がしやすい
- 現場の声や知恵を引き出しやすい

④ 「マニュアル」は、現在進行形
- 固定したものではなく、変化に対応するもの

⑤ 「マニュアル」は、一連の活動・仕組み
- 作成・活用・改訂のサイクルを回す
- 現場のノウハウや知恵を取り入れて、進化させる

そして、現場の重要性です。あらゆる企業活動は、"現場"を抜きにしては考えられず、その取り組みはますます盛んになっていきます。

現場は、ノウハウ・知恵の宝庫です。これをいかに効果的に吸い上げるかが、会社（経営）の腕の見せ所だともいえます。

個人の技能を、組織の力に！
現場の知恵を、企業の財産に！
人と人をつなぐ、現場と経営をつなぐもの

これが「マニュアル」です。「マニュアル」は、会社（経営）の武器として、十分にその期待に応えてくれるでしょう。

コラム　現場に負担がかかる？　――自発的VS強制的

“やらされ感”ということが、「マニュアル」にはついて回ります。

「強制的にやらせたり押しつけても、効果はありません。大事なことは、みんなが自発的に使いたいと思うかです」

ある企業の人事教育の担当者が、筆者に言われたことです。

自発的に行動したり、何かを始めたりする。そのほうが身につくし効果もあがる。けだし、正論です。

確かに、自発的に行動を起こしてくれたり、提案などをしてくれたりしたら、こんなうれしいことはないと思います。

しかし、こちらが期待しているような“自発的”な行動が、そうそう出てくるものなのでしょうか。

もちろん、“出てくる”ように働きかけをすることは、非常に重要なことです。ただ、ここで問題なのは、では出てくるまで待っているのか、ということです。業務の効率化やサービスの改善など早急に手を打たなければならない問題課題は、どんな会社でも山積しています。これを解決する手段、ツールとしての「マニュアル」の役割は非常に大きなものがあります。

「マニュアルを作りましょう。みんな必要だと言っています」

「わーい、マニュアルできたんだ！　早速、使います」

「マニュアル作成委員に選ばれて、ほんとにうれしいです」

長いこと「マニュアル」に携わっていますが、こんな話は聞いたこともありません。

確かに、“強制的”という言葉はイメージが悪いですね。上から一方的に押しつけられる、反対意見は言えない、自由が利かない、などなど。それに引き換え“自発的”“自主的”といった言葉は、きれい、です。

しかし、「マニュアル」は、会社の基準、会社の仕事のルールがまとめられたものです。これを徹底することは、会社にとって非常に重要なことです。徹底するためには、習得できるまで何度でも繰り返し、まさに、「強制的」にでも守ってもらわなければなりません。

それだけ、「会社の基準」を守ってもらうということは大切なことです。

どうも“自発的”というきれいな言葉を使って、責任放棄、逃げの口実にしているような気がしてなりません。「自発的に使いたい」なんていうことを待っていたら、それこそ日が暮れてしまう。

「会社の基準が徹底しない」ことによる、ムダ・ムラ・ムリ、そして、お客様の信頼や混乱といったことのほうがよっぽど切実で緊急な問題です。

「マニュアル」を強制的に作成し、それで、強制的に訓練する。徹底するまで何度でも強制的に繰り返す。

必要な“強制力”もあるのではないでしょうか。

現場の負担、現場のやらされ感、といったことには十分配慮することは必要ですが、遠慮をすることで失うものがあることを忘れてはいけないのではないか。

軽々しく“自発的”という言葉を使わないで、もっと何が大切なのか必要なのかを考えてみることが大切です。そうでなければ、本当にもったいないことになってしまいます。

社員の
技術力・ノウハウ
のUP！共有
マニュアル
＝
会社の基準

おわりに

「マニュアルは、使えば使うほど、味が出る」

ある会社のトップが、独特の言い回しで話をしてくれたことがあります。

マニュアルを生業にしている私にとって、「マニュアル」を評価されることは、自分が褒められたようにうれしくなります。

30数年間マニュアルに関わってきて、マニュアルは本当にすごいものだ、そして、深いものだとあらためて思っています。

ですから、十分に評価されていない、活躍できていない「マニュアルの現状」は、非常に残念であり、もったいないことだと受けとめています。

この状況を打破するために一石を投じたい、これが本書執筆の大きな動機です。

「マニュアル」を活用して「成果」を上げる。

私にとってさまざまな会社でのマニュアルづくりは、このことの実現・達成を最大の狙い・目的として取り組んできました。

マニュアルで「成果」を上げるために、マニュアルの作り方、活用・改訂の仕方はどうあるべきか、どう捉えるべきか。

このことを“マニュアル屋”として日頃から追及・研鑽を積んできました。

本書は、この研鑽という「成果」のお披露目でもあります。

こんな自負をもって書き進めてきましたが、いかがでしたでしょうか？

「マニュアルは、最新・最高のノウハウを集大成したものである」

本文の中で、マニュアルをこう定義しました。

本書は、私の「マニュアル」ついての最新・最高のノウハウを集大成したものである、と自信をもっていうことができます。

本書の執筆にあたっては、多くの中小企業の経営者の方々にお世話になりました。

本書がさまざまな「成果」を期待されている、中小企業の経営者・幹部の皆様のお役に少しでも立つことができれば、望外の幸せです。

どうか1冊のマニュアルを、人と組織を育て、そして、変える、貴重な機会、きっかけにしていただきたいと心から願っております。

この原稿は、昨年から今年にかけて、最後は新型コロナウイルスで自粛期間中に書き上げたものです。私自身の体調がすぐれなかったこともあり、何とか、やっと書き上げた、というのが偽らざる心境です。そういう意味では、ささやかな達成感と満足感を感じています。

最後に、お忙しいなか仲介の労をとっていただき、また貴重なアドバイスをしていただいた日本人事経営研究室の山元浩二氏、内容づくりにおいてさまざまなご支援ご協力をいただいた武田秀之氏、本書の出版を快く引き受けてくださり、激励し続けていただいた日本実業出版社の山田聖子氏に、この場を借りてお礼申し上げます。

そして、長年私を支えてくれた、佐藤晃、工藤いづみの両氏に、あらためて深く感謝の言葉を贈ります。

2020年８月　工藤　正彦

オリジナル・テンプレート ダウンロードのご案内

本書で使用しているオリジナル・テンプレートをダウンロードできます。

インターネットに接続し、アドレスバーに下記URLを入力するか、携帯電話でQRコードを読み込んでダウンロード専用ページを開き、必要事項をご入力のうえダウンロードボタンを押してください。

ご入力いただいたメールアドレスにテンプレートダウンロードURLが記載されたメールをお送りします。

オリジナル・テンプレートのダウンロード専用ページURL

https://jinjiseido.com/dl100

小文字の(エル)です

※URLの入力はすべて半角英数で行ってください

※ファイルを受け取るにはメールアドレスが必要です

ダウンロードできるオリジナルテンプレート一覧

・テーマ選定シート
・目標シート
・業務作業分類表
・「手順」整理表
・マニュアル基本フォーマット
・マニュアルチェックシート
・業務マニュアル習得確認シート

※上記URLのリンク先である日本人事経営研究室株式会社は著者が専任講師として研修などを担当している会社です。

※ダウンロードサービスは予告なく内容を変更・終了する場合があります。ご了承ください。

※ダウンロードに関するお問い合わせは小社HP（https://www.njg.co.jp）の「お問い合わせ」よりお願いします。

工藤正彦（くどう　まさひこ）
1951年、北海道生まれ。明治大学卒業後、㈱日本リクルートセンター（現リクルート）を経て、マニュアル作成・活用の専門会社である株式会社クオーレを設立。マニュアルの積極的な定義や基本要件などを明確にして、「成果を上げる仕組み」としてのマニュアルづくりを提唱している。これまでに1500タイトル以上のマニュアルや動画コンテンツを手掛ける。現在、マニュアル　コンサルティングサービスを多くの企業に提供している。著書に、『成功したければマニュアルどおりにやりなさい。』（実務教育出版）などがある。産業能率大学　通信教育の教材執筆も手掛けている。
E-mail：kudo.cuore@gmail.com

小さな会社の〈人と組織を育てる〉
業務マニュアルのつくり方

2020年9月1日　初版発行
2023年6月20日　第6刷発行

著　者　工藤正彦
発行者　杉本淳一

発行所　株式会社日本実業出版社　東京都新宿区市谷本村町3－29 〒162-0845
編集部　☎03-3268-5651
営業部　☎03-3268-5161　振　替　00170－1－25349
https://www.njg.co.jp/

印刷／厚徳社　製本／共栄社

この本の内容についてのお問合せは、書面かFAX（03－3268－0832）にてお願い致します。
落丁・乱丁本は、送料小社負担にて、お取り替え致します。

ISBN 978-4-534-05797-6　Printed in JAPAN